計算実務直前模試
目次

JN126651

合計残高試算表の作成

簿記では、各種取引を仕訳帳に仕訳し、総勘定元帳の各勘定口座に転記します。この転記したあとの、各勘定口座の金額を集計して作成する表を**試算表**といいます。

試算表は、仕訳帳から総勘定元帳の各勘定口座への転記が正しく行われているかどうかを確認するために作成します。

試算表には、**合計試算表**、**残高試算表**、合計試算表と残高試算表を一表にした**合計残高試算表**があります。ここでは、合計残高試算表の仕組みについてみてゆきましょう。

総勘定元帳(一部)

現　金　預　金　1

4/1	124,863,096	4/3	67,901,275
13	87,924,716	11	87,457,019
24	274,193,211	29	188,546,838
借方計	486,981,023	貸方計	343,905,132
借方残	143,075,891		

買　掛　金　7

4/5	132,968,357	4/1	290,364,817
30	243,943,691	15	149,286,348
		30	134,270,681
借方計	376,912,048	貸方計	573,921,846
		貸方残	197,009,798

売　上　10

4/8	13,965,284	4/5	387,026,951
26	25,007,326	10	295,018,463
		25	263,241,998
借方計	38,972,610	貸方計	945,287,412
		貸方残	906,314,802

●各勘定口座の借方合計金額と貸方合計金額を**合計欄**に記入します。
●各勘定口座の残高金額を該当する勘定科目の**残高欄**に記入します。
借方残高＝借方合計金額－貸方合計金額
貸方残高＝貸方合計金額－借方合計金額
●残高欄の借方合計金額と貸方合計金額、および合計欄の借方合計金額と貸方合計金額はかならず一致します。

合計残高試算表

借方 残高	借方 合計	元丁	勘定科目	貸方 合計	貸方 残高
143,075,891	486,981,023	1	現金預金	343,905,132	
	376,912,048	7	買掛金	573,921,846	197,009,798
	38,972,610	10	売上	945,287,412	906,314,802
1,832,906,357	2,874,296,013			2,874,296,013	1,832,906,357

一致する
一致する

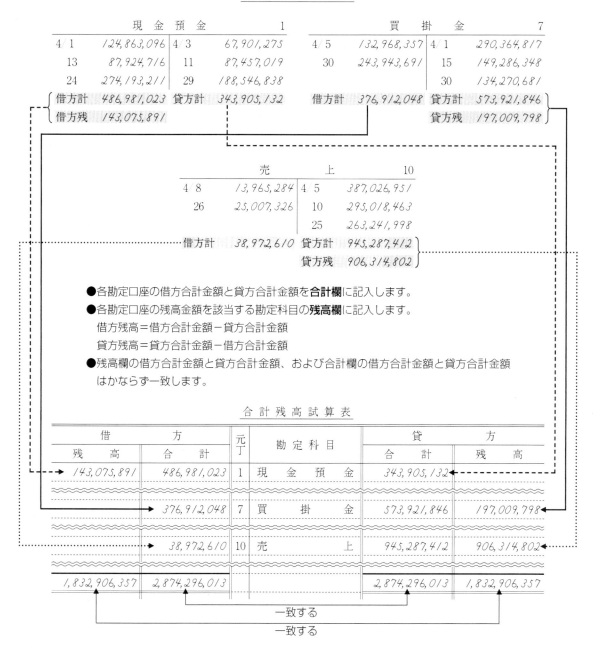

商品有高帳

商品有高帳とは、商品の種類ごとに口座を設け、商品の受入れ、払出しの明細を記録し、つねに残高を明らかにしておく補助簿です。商品有高帳は、商品の管理を合理的に行うため、一定時点の**残高**や一定期間の**売上原価**を明らかにするために作成されます。

売上原価は、払出した数量に払出した単価を乗じて計算されますが、同じ商品であっても仕入単価が異なることがあります。では、そのような場合どのように払出した単価を決めればよいでしょうか？　それには**「先入先出法」「移動平均法」**といわれる代表的な方法があります。

ここでは、これらの方法による商品有高帳の記入方法をみることにします。

1. 先入先出法

先入先出法は、先に仕入れたものから先に払出すという計算法です。下記の取引を参考に、先入先出法による商品有高帳の記入をみてみましょう。4月1日の記入は済んでいるものとします。

[取引] 4月５日　A商品23,576個を@￥17,892で仕入れた。
12日　A商品38,196個を@￥26,500で売上げた。
15日　A商品18,365個を@￥18,036で仕入れた。
途中省略
30日　A商品の月末残高は23,624個、@￥17,936であった。

【4月5日の取引】
日付欄に日にち、摘要欄に「仕入」と記入し、受入欄に数量、単価、金額を記入します。金額は「数量×単価」で求めます。残高欄には4月1日分と本日分を2行にわたって数量、単価、金額を記入し、記入ののち「{」を付けます。

【4月12日の取引】
日付欄に日にち、摘要欄に「売上」と記入し、売上は払出欄に原価で記入します。先入先出法ですから先に仕入れたものから先に払出す記入をします。まず、4月1日分を全部払出し、残り11,744個（38,196個－26,452個）を4月5日仕入分から払出します。払出欄に数量、単価、金額を2行にわたって記入し、「{」を付けます。
残高欄には4月5日分の数量残高11,832個（23,576個－11,744個）、単価、金額を記入します。

【4月15日の取引】
4月5日の記入と同じ要領で、日付欄、摘要欄、受入欄、残高欄に記入します。

【4月30日の締切記入】
まず、日付欄に日にち、摘要欄に「次月繰越」と朱書きし、直近の残高欄の数量、単価、金額を払出欄に朱書きします。次に受入欄の数量と金額の合計、払出欄の数量と金額の合計を算定して一致を確認して締め切ります。

商　品　有　高　帳
A　商　品　　　　（先入先出法）

日付		摘要	受入 数量	受入 単価	受入 金額	払出 数量	払出 単価	払出 金額	残高 数量	残高 単価	残高 金額
4	1	前月繰越	26,452	18,937	500,921,524				26,452	18,937	500,921,524
	5	仕入	23,576	17,892	421,821,792				{ 26,452	18,937	500,921,524
									23,576	17,892	421,821,792
	12	売上				{ 26,452	18,937	500,921,524			
						11,744	17,892	210,123,648	11,832	17,892	211,698,144
	15	仕入	18,365	18,036	331,231,140				{ 11,832	17,892	211,698,144
									18,365	18,036	331,231,140
	30	**次月繰越**				**23,624**	**17,936**	**423,720,064**			
			93,025		1,674,372,890	93,025		1,674,372,890			

2. 移動平均法

移動平均法は、商品を異なる単価で仕入れるごとに、平均単価を計算し、この平均単価を払出しの単価にするという計算法です。

平均単価の計算は、次のように行います。

$$平均単価＝\frac{受入直前の残高欄の金額＋受入欄の仕入金額}{受入直前の残高欄の数量＋受入欄の仕入数量}$$

下記の取引を参考に、移動平均法による商品有高帳の記入をみてみましょう。4月1日の記入は済んでいるものとします。

[取引] 4月５日　A商品36,000個を@￥6,750で仕入れた。
8日　A商品27,000個を@￥9,800で売上げた。
15日　A商品33,000個を@￥7,300で仕入れた。
途中省略
30日　A商品の月末残高は21,000個、@￥7,090であった。

【4月5日の取引】

日付欄に日にち、摘要欄に「仕入」と記入し、受入欄に数量、単価、金額（数量×単価）を記入します。

残高欄には、4月1日の数量残高と本日仕入分の数量の合計を記入し、金額も4月1日分と本日分の合計金額を記入します。残高欄の単価は次のように計算します。

$$平均単価＝\frac{￥129,600,000＋￥243,000,000}{18,000個＋36,000個}＝@￥6,900$$

【4月8日の取引】

日付欄に日にち、摘要欄に「売上」と記入し、払出欄に数量、単価、金額（数量×単価）を記入します。このときの単価は、直前に計算された平均単価￥6,900です。残高欄は、数量残高、平均単価、金額（数量×単価）を記入します。

【4月15日の取引】

日付欄に日にち、摘要欄に「仕入」と記入し、受入欄に数量、単価、金額（数量×単価）を記入します。

残高欄には、4月8日の数量残高と本日分の数量の合計を記入し、金額も4月8日分と本日分の合計金額を記入します。残高欄の単価は4月5日の取引と同様に計算します。

$$平均単価＝\frac{￥186,300,000＋￥240,900,000}{27,000個＋33,000個}＝@￥7,120$$

【4月30日の締切記入】

先入先出法で示した方法と同様です。

商品有高帳
A 商品
（移動平均法）

日付		摘要	受入 数量	受入 単価	受入 金額	払出 数量	払出 単価	払出 金額	残高 数量	残高 単価	残高 金額
4	1	前月繰越	18,000	7,200	129,600,000				18,000	7,200	129,600,000
	5	仕入	36,000	6,750	243,000,000				54,000	6,900	372,600,000
	8	売上				27,000	6,900	186,300,000	27,000	6,900	186,300,000
	15	仕入	33,000	7,300	240,900,000				60,000	7,120	427,200,000
	30	**次月繰越**				**21,000**	**7,090**	**148,890,000**			
			98,600		692,170,000	98,600		692,170,000			

商業計算

1. 換算

例題 €7,328.04は米貨でいくらですか。ただし，€1＝¥113.79，$1＝¥83.61とする。（セント未満四捨五入）

【計算式】 €7,328.04×¥113.79÷¥83.61＝$9,973.18　　**【解答】** $9,973.18

2. 仕入原価と売価の計算

公式
仕入原価＝仕入価格＋仕入諸掛
利 益 額＝仕入原価×利益率
損 失 額＝仕入原価×損失率
定　　価＝仕入原価＋見込利益
　　　　＝仕入原価×(1＋利益率)
売　　価＝定価－値引額
　　　　＝定価×(1－値引率)
売　　価＝定価×掛

例題 原価の2割5分の利益を見込んで定価をつけ，定価の6分引きで販売した商品の利益額が¥152,600であった。この商品の原価はいくらですか。

【計算式】 (1＋0.25)×(1－0.06)－1＝0.175
¥152,600÷0.175＝¥872,000　　**【解答】** ¥872,000

例題 1ダース€95.40の商品を3,600個販売するため，21％の利益を見込んで定価をつけた。3,600個の定価は円貨でいくらですか。ただし，€1＝¥113.79とする。（計算の最終で円未満切り上げ）

【計算式】 €95.40÷12×3,600×(1＋0.21)×113.79＝¥3,940,571　　**【解答】** ¥3,940,571

3. 純量代価の計算

公式
純　　量＝総量－(風袋＋減量)
風　　袋＝総量×風袋率
減　　量＝(総量－風袋)×減量率

例題 総量8,400kg，風袋6％，減量は風袋を除いた量の1.7％の商品を，純量10kgにつき¥5,900で仕入れ，仕入原価の25％の利益を見込んで定価をつけた。定価はいくらですか。（計算の最終で円未満四捨五入）

【計算式】 8,400kg×(1－0.06)×(1－0.017)＝7,761.768kg（純量）
7,761.768kg÷10×¥5,900×(1＋0.25)＝¥5,724,304　　**【解答】** ¥5,724,304

4. 利息の計算

公式 利　　息＝元金×利率×期間
元利合計＝元金＋利息
　　　　＝元金＋(元金×利率×期間) または 元金×(1＋利率×期間)
期　　間＝(元利合計－元金)÷(元金×利率÷12※) ※期間が日数の場合は365

例題 ¥5,840,000を年利率2.6％で８月14日から10月21日まで借り入れた。期間に支払う元利合計はいくらですか。(片落し，円未満四捨五入)

【計算式】 $¥5,840,000 + (¥5,840,000 \times 0.026 \times \frac{68}{365}) = ¥5,868,288$

$¥5,840,000 \times (1 + 0.026 \times \frac{68}{365}) = ¥5,868,288$ 【解答】 ¥5,868,288

例題 ¥6,240,000を年利率2.9％で貸し付け，期日に元利合計¥6,737,640を受け取った。貸付期間は何年何か月間ですか。

【計算式】 (¥6,737,640－¥6,240,000)÷(¥6,240,000×0.029÷12)＝33 【解答】 2年9か月間

5. 手形割引の計算

公式 割 引 料＝額面×割引率×期間
手 取 金＝額面－割引料
　　　　　額面－(額面×割引率×期間) または 額面×(1－割引率×期間)
額面金額＝割引料÷(割引率×期間)
額面金額＝手取金÷(1－割引率×期間)
期　　間＝(元利合計－元金)÷(元金×利率÷12※) ※期間が日数の場合は365

例題 ７月25日満期，額面¥4,726,000の手形を，５月13日に割引率年2.8％で割り引いた。割引料および手取金はいくらですか。(両端入れ，割引料の円未満切り捨て)

【計算式】 割引料：$¥4,726,000 \times 0.028 \times \frac{74}{365} = ¥26,828$ 【解答】 ¥26,828

手取金：¥4,726,000－¥26,828＝¥4,699,172 【解答】 ¥4,699,172

例題 10月10日満期の手形を８月24日に割引率年3.6％で割り引いたところ，割引料が¥10,368であった。額面金額および手取金はいくらですか。(両端入れ，割引料の円未満切り捨て)

【計算式】 額面金額：$¥10,368 \div (0.036 \times \frac{48}{365}) = ¥2,190,000$ 【解答】 ¥2,190,000

手 取 金：¥2,190,000－¥10,368＝¥2,179,632 【解答】 ¥2,179,632

例題 ９月16日満期の手形を７月６日に割引率年4.3％で割り引いたところ，手取金が¥2,171,166であった。額面金額および割引料はいくらですか。(両端入れ，割引料の円未満切り捨て)

【計算式】 額面金額：$¥2,171,166 \div (1 - 0.043 \times \frac{73}{365}) = ¥2,190,000$ 【解答】 ¥2,190,000

割 引 料：¥2,190,000－2,171,166＝¥18,834 【解答】 ¥18,834

例題	額面¥6,570,000の手形を，割引率年4.2％で割り引いて，手取金¥6,514,812を得た。満期日を10月31日とすると，割引日数は何日ですか。（両端入れ）

【計算式】 （¥6,570,000－¥6,514,812）÷（¥6,570,000×0.042÷365）＝73　　**【解答】** 73日

6．手数料の計算

公式
手　　数　　料＝売買価額×手数料の割合
売り主の手取金＝売買価額×（1－売り主の手数料の割合）
買い主の手取金＝売買価額×（1＋売り主の手数料の割合）

例題	仲立人が売り主から4.2％，買い主から3.9％の手数料を受け取る約束で，商品売買の仲介をした。売り主の手取金が¥8,248,380のとき，仲立人の受け取る手数料合計はいくらですか。

【計算式】 ¥8,248,380÷（1－0.042）＝¥8,610,000（売買価額）
¥8,610,000×（0.039＋0.042）＝¥697,410　　**【解答】** ¥697,410

例題	仲立人が売り主から4.6％，買い主から3.6％の手数料を受け取る約束で，商品売買の仲介をした。売り主の手取金が¥4,636,440のとき，買い主の支払い額はいくらですか。

【計算式】 ¥4,636,440÷（1－0.046）＝¥4,860,000（売買価額）
¥4,860,000×（1＋0.036）＝¥5,034,960　　**【解答】** ¥5,034,960

例題	仲立人が売り主・買い主双方から2.4％ずつの手数料を受け取る約束で商品売買の仲介をして，手数料合計¥324,000を得た。売り主の手取金はいくらですか。

【計算式】 ¥324,000÷（0.024＋0.024）＝¥6,750,000（売買価額）
¥6,750,000×（1－0.024）＝¥6,588,000　　**【解答】** ¥6,588,000

公式
委託者支払額＝買付原価＋立替諸掛＋手数料
＝（買付原価＋立替諸掛）×（1－手数料歩合）

例題	買付の委託をうけた商品を¥570,000で買い入れ，諸掛¥45,600を立替えた。手数料を諸掛込原価の4％とすると，委託主への請求額はいくらですか。

【計算式】 （¥570,000＋¥45,600）×（1＋0.04）＝¥640,224　　**【解答】** ¥640,224

7. 度量衡の計算

公式 1グロス(gross)＝12ダース(dozen)
1ダース(dozen)＝12個
※「gr. 953−2−11」は『953グロス2ダース11個』と読みます。

例題 次の空欄を求めなさい。

No.	数　　量	単　　価	代　　価
①	gr.　953　−　2　−　11	1個につき　$　5.29	$（　　　　）
②	gr.（　　−　　−　　）	1ダースにつき￥480	￥　4,094,040

【計算式】 ① {(953×12)＋2}×12＋11＝137,267個
137,267個×＄5.29＝＄726,142.43　**【解答】** ＄726,142.43
② ￥4,094,040÷480＝8,529.25ダース
0.25ダース×12＝3個
8,529ダース÷12＝710…9　**【解答】** gr. 710−9−3

公式 1ヤード(yard)＝3フィート(feet)
1フィート(feet)＝12インチ(inch)
※「yd. 458−1−6」は『458ヤード1フィート6インチ』と読みます。

例題 yd. 458−1−6は何メートルですか。ただし，1yd.＝0.9144mとする。（メートル未満切り捨て）

【計算式】 yd. 458−1−6＝458＋{1＋(6÷12)}÷3＝458.5yd.
458.5yd.×0.9144＝419　**【解答】** 419m

伝票算

- 伝票算は、入金伝票9枚と出金伝票6枚の合計15枚が順不同に綴じられています。A～Dの商品ごとの合計金額と、入金伝票の合計金額、および入金伝票合計と出金伝票合計の差額を求める問題が出題されます。(検定試験では解答欄は5か所ですので、A～Dの商品のうち、3つを解答します。)
- 各ページには、金額が（　　）となっている箇所がある場合があります。その際には各自で（　　）の金額を計算する必要があります。
- A商品の合計金額を計算するには、伝票をめくりながらA商品の金額だけをたし算します。(B、C、D商品の合計金額を計算するのも同様です。)
- 入金伝票合計と出金伝票合計の差額を計算するには、入金伝票合計－出金伝票合計の計算を独立メモリー内で行います。

【例題】 次の計算をしなさい。

(1) A商品の現金売上合計はいくらですか。　　解答 ¥ a

(2) B商品の現金売上合計はいくらですか。　　解答 ¥ b

(3) D商品の現金売上合計はいくらですか。　　解答 ¥ c

(4) 入金伝票の合計はいくらですか。　　解答 ¥ d

(5) 入金伝票合計と出金伝票合計の差額はいくらですか。　　解答 ¥ e

入金伝票 No 1　○年 ○月 ○日　承認印 主帳印 会計印 係印

科目：売上　入金先：○○商店 殿

摘要	金額
A商品	50
B商品	160
C商品	(　　)
D商品	240
合計	760

入金伝票 No 3　○年 ○月 ○日　承認印 主帳印 会計印 係印

科目：売上　入金先：○○商店 殿

摘要	金額
A商品	80
B商品	80
C商品	150
D商品	50
合計	(　　)

出金伝票 No 2　○年 ○月 ○日　承認印 主帳印 会計印 係印

科目：仕入　支払先：○○商店 殿

摘要	金額
A商品	60
B商品	120
C商品	100
D商品	90
合計	370

出金伝票 No 4　○年 ○月 ○日　承認印 主帳印 会計印 係印

科目：仕入　支払先：○○商店 殿

摘要	金額
A商品	(　　)
B商品	160
C商品	40
D商品	90
合計	340

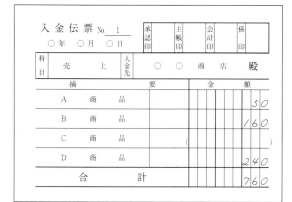

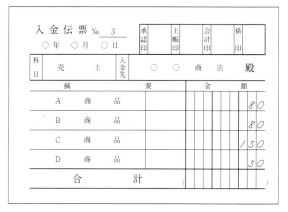

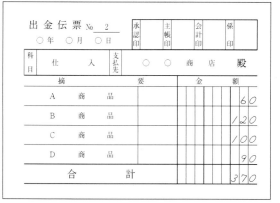

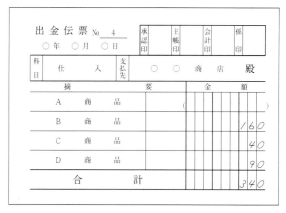

◇計算手順◇

1．No.1のC商品の金額を計算します。 【手順②】
2．No.3の合計の金額を計算します。 【手順③】
3．No.4のA商品の金額を計算します。 【手順④】
4．⑴A商品の現金売上合計を計算します（解答欄a）。入金伝票のみA商品の金額を加算します。 【手順⑤】
5．⑵B商品の現金売上合計を計算します（解答欄b）。入金伝票のみB商品の金額を加算します。 【手順⑥】
6．⑶D商品の現金売上合計を計算します（解答欄c）。入金伝票のみD商品の金額を加算します。 【手順⑦】
7．⑷入金伝票の合計を計算します（解答欄d）。この金額を解答欄に記入するとともに、メモリー入力します。 【手順⑧】
8．⑸出金伝票の合計を計算し、その値をメモリーマイナスに入力します。メモリー内の数値を呼び出すことで、入金伝票合計と出金伝票合計の差額（解答欄e）が求められます。 【手順⑨⑩】

◇キー操作◇

		表示
手順①：シャープ製 CA ／カシオ製 AC		0.
手順②：7 6 0 − 5 0 − 1 6 0 − 2 4 0 =		310.
手順③：8 0 + 8 0 + 1 5 0 + 5 0 =		360.
手順④：3 4 0 − 1 6 0 − 4 0 − 9 0 =		50.
手順⑤：5 0 + 8 0 =	a	130.
手順⑥：1 6 0 + 8 0 =	b	240.
手順⑦：2 4 0 + 5 0 =	c	290.
手順⑧：7 6 0 + 3 6 0 M+	d	1120.
手順⑨：3 7 0 + 3 4 0 M−		710.
手順⑩：シャープ製 RM ／カシオ製 MR	e	410.

◆本書に添付の伝票算は、ページをずらして使用することにより、1冊で16回分の練習ができるようになっています。本試験とは形式が異なりますが、学習者の利便性を考慮した上での形式とご理解ください。なお、各回のページは下記のとおりです。

第1回	第2回	第3回	第4回	第5回	第6回	第7回	第8回
1～15	2～16	3～17	4～18	5～19	6～20	7～21	8～22
第9回	第10回	第11回	第12回	第13回	第14回	第15回	第16回
9～23	10～24	11～25	12～26	13～27	14～28	15～29	16～30

主催　公益社団法人　全国経理教育協会　　後援　文部科学省

第１回計算実務能力検定模擬試験

試験場校
受験番号
採　点

【禁無断転載】
制限時間50分

２　級

帳　票　計　算

第１問　次の合計残高試算表を完成させなさい。(20点)　　●印@２点×10＝20点

合計残高試算表

借方 残高	借方 合計	元丁	勘定科目	貸方 合計	貸方 残高
(● 415,521,962)	717,647,929	1	現金預金	302,125,967	
(● 181,221,442)	901,904,757	2	受取手形	720,683,315	
235,166,416	644,702,659	3	売掛金	● 409,536,243	
(36,589,798)	(● 36,589,798)	4	繰越商品		
25,027,086	25,027,086	5	備品		
	(● 161,817,677)	6	支払手形	517,058,084	355,240,407
	577,155,641	7	買掛金	851,571,253	(● 274,415,612)
		8	資本金	232,000,000	232,000,000
		9	繰越利益剰余金	(9,195,058)	(● 9,195,058)
	39,952,015	10	売上	(● 938,237,426)	898,285,411
(● 816,378,664)	873,473,163	11	仕入	57,094,499	
(59,231,120)	59,231,120	12	営業費		
(1,769,136,488)	(4,037,501,845)			(● 4,037,501,845)	1,769,136,488

第２問　伝票を用いて次の計算をしなさい。(20点)　**【別冊伝票算 P.1〜P.15】**　　@４点×５＝20点

(1) B商品の現金売上合計はいくらですか。	¥	9,011,515
(2) C　〃　〃	¥	18,111,960
(3) D　〃　〃	¥	17,119,412
(4) 入金伝票の合計はいくらですか。	¥	53,477,759
(5) 入金伝票合計と出金伝票合計の差額はいくらですか。	¥	33,128,173

第３問　次の商品有高帳を完成させなさい。(10点)　　●印@１点×10＝10点

A　商品　　　　商品有高帳　　　　(先入先出法)

令和×1年 月	日	摘要	受入 数量	受入 単価	受入 金額	払出 数量	払出 単価	払出 金額	残高 数量	残高 単価	残高 金額
8	1	前月繰越	43,056	156,380	(6,733,097,280)				43,056	156,380	(6,733,097,280)
	3	仕入	29,480	(134,070)	3,952,383,600				● 43,056	156,380	(6,733,097,280)
									29,480	(134,070)	3,952,383,600
	6	売上				43,056	156,380	(6,733,097,280)			
						15,274	(134,070)	2,047,785,180	● 14,206	(134,070)	(1,904,598,420)
	10	仕入	31,795	144,816	● 4,604,424,720				(14,206)	(134,070)	(1,904,598,420)
									31,795	144,816	(4,604,424,720)
	20	売上				● 14,206	(134,070)	(1,904,598,420)			
						(9,794)	144,816	1,418,327,904	● 22,001	144,816	(3,186,096,816)
	22	仕入	50,604	● 139,700	7,069,378,800				(22,001)	144,816	(3,186,096,816)
									50,604	(139,700)	7,069,378,800
	24	売上				10,360	144,816	● (1,500,293,760)	(11,641)	144,816	(1,685,803,056)
									50,604	(139,700)	7,069,378,800
	29	売上				● (11,641)	144,816	(1,685,803,056)	50,604	(139,700)	7,069,378,800
	31	次月繰越				50,604	(139,700)	7,069,378,800			
			● (154,935)		(22,359,284,400)	(154,935)		● (22,359,284,400)			

商業計算は裏面に

商　業　計　算

第１問　次の計算をしなさい。(32点)　　@４点×８＝32点

(1) 額面¥4,280,000，満期日10月20日の手形を８月21日に割引率3.8％で割り引いた。手取金はいくらですか。
(両端入れ，割引料の円未満切り捨て)

¥4,280,000×0.038×61÷365＝¥27,180　　¥4,280,000－¥27,180＝¥4,252,820

答　¥　4,252,820

(2) $469.05は英貨でいくらですか。ただし，$1＝¥90.18　£1＝¥107.64（ペンス未満四捨五入）

$469.05×¥90.18÷¥107.64＝£392.97

答　£　392.97

(3) 総量6,250kg，風袋３％，減量は風袋を除いた量の２％の商品に２割６分の利益を見込んで定価をつけた。利益額が¥5,561,010のとき，１kgあたりの原価はいくらですか。

6,250kg×(1－0.03)×(1－0.02)＝5,941.25kg (純量)　　¥5,561,010÷0.26＝¥21,388,500

¥21,388,500÷5,941.25＝¥3,600

答　¥　3,600

(4) 原価¥6,500,000の商品を仕入れ，仕入諸掛¥21,000を支払った。この商品を¥8,803,350で販売すると，利益率は諸掛込原価の何割何分ですか。

¥8,803,350÷(¥6,500,000＋¥21,000)－1＝0.35

答　3　割　5　分

(5) ¥580,000を年利率3.8％で８月16日から11月５日まで借り入れた。期日に支払う元利合計はいくらですか。(片落し，円未満切り上げ)

¥580,000＋(¥580,000×0.038×81÷365)＝¥584,891

答　¥　584,892

(6) yd.560－1－3は何メートルですか。ただし，１m＝3.281ftとする。(メートル未満四捨五入)

yd.560－1－3＝1,681.25ft　　1,681.25ft÷3.281ft＝512m

答　512　m

(7) 原価の22％の利益をみて¥567,300の定価をつけた商品を，値引きして¥442,680で販売した。損失額は原価の何パーセントですか。パーセントの小数第１位まで求めなさい。

¥567,300÷(1＋0.22)＝¥465,000(原価)　　¥442,680÷¥465,000＝0.952

1－0.952＝0.048

答　4.8　％

(8) 仲立人が売り主から4.6％，買い主から3.6％の手数料を受け取る約束で商品売買の仲介をした。売り主の手取金が¥4,636,440のとき，買い主の支払額はいくらか。

¥4,636,440÷(1－0.046)＝¥4,860,000　　¥4,860,000×(1＋0.036)＝¥5,034,960

答　¥　5,034,960

第２問　次の空欄を求めなさい。(18点)　　●印@３点×６＝18点

(1) (円，セント未満切り上げ)

No.	被換算高	換算率	換算高
1	¥ 648,000	$1＝¥ 83.74	● $ 7,738.24
2	£ 9,310.85	£1＝¥ 132.45	● ¥ 1,233,223

(2)

No.	数量	単価	代価
1	gr. 881－6－5	1個につき ¥ 540	● ¥ 68,548,140
2	● gr. 1,920－0－9	1ダースにつき $ 7.68	$ 176,952.96

(3) (両端入れ，割引料の円未満切り捨て)

No.	手形金額	割引率	振出日又は引受日	満期日	割引日	割引料	手取金
1	¥ 6,730,000	年 3.9％	7月25日	9月30日	8月5日	● ¥ 40,988	¥ 6,689,012
2	● ¥ 5,384,000	年 4.2％	9月28日	12月28日	10月17日	¥ 45,225	¥ 5,338,775

主催　公益社団法人　全国経理教育協会　　後援　文部科学省

第２回計算実務能力検定模擬試験

試験場校
受験番号
採　点

【禁無断転載】
制限時間50分

２　級

帳　票　計　算

第１問　次の合計残高試算表を完成させなさい。（20点）　●印@２点×10＝20点

合　計　残　高　試　算　表

借方 残高	借方 合計	元丁	勘定科目	貸方 合計	貸方 残高
328,700,695	597,509,830	1	現金預金	● 268,809,135	
292,423,795	● 920,384,358	2	受取手形	627,960,563	
● 303,665,294	818,230,088	3	売掛金	514,564,794	
46,858,442	● 46,858,442	4	繰越商品		
35,764,917	35,764,917	5	建物		
	154,383,976	6	支払手形	463,120,938	● 308,736,962
	● 362,319,255	7	買掛金	748,728,909	386,409,654
		8	資本金	184,000,000	184,000,000
		9	繰越利益剰余金	70,591,227	● 70,591,227
	11,494,433	10	売上	● 890,819,840	879,325,407
● 752,109,308	777,696,010	11	仕入	25,586,702	
69,540,799	69,540,799	12	営業費		
1,829,063,250	3,794,182,108			● 3,794,182,108	1,829,063,250

第２問　伝票を用いて次の計算をしなさい。（20点）　**【別冊伝票算 P.2～P.16】**　@４点×５＝20点

(1) A商品の現金売上合計はいくらですか。	¥	9,291,442
(2) C　〃　〃	¥	17,361,084
(3) D　〃　〃	¥	17,119,702
(4) 入金伝票の合計はいくらですか。	¥	50,522,333
(5) 入金伝票合計と出金伝票合計の差額はいくらですか。	¥	30,172,747

第３問　次の商品有高帳を完成させなさい。（10点）　●印@１点×10＝10点

A　商　品　　　商　品　有　高　帳　　　（移動平均法）

令和×1年 月	日	摘要	受入 数量	受入 単価	受入 金額	払出 数量	払出 単価	払出 金額	残高 数量	残高 単価	残高 金額
11	1	前月繰越	24,000	4,800	●115,200,000				24,000	4,800	115,200,000
	2	仕入	48,000	●4,500	216,000,000				72,000	●4,600	331,200,000
	6	売上				36,000	4,600	●165,600,000	36,000	4,600	165,600,000
	9	仕入	44,000	4,900	●215,600,000				80,000	●4,765	381,200,000
	13	売上				40,000	4,765	●190,600,000	40,000	4,765	190,600,000
	20	仕入	60,000	4,700	282,000,000				100,000	●4,726	472,600,000
	29	売上				57,000	4,726	●269,382,000	43,000	4,726	●203,218,000
	30	次月繰越				43,000	4,726	203,218,000			
			176,000		828,800,000	176,000		828,800,000			

商業計算は裏面に

商　業　計　算

第１問　次の計算をしなさい。（32点）　@４点×８＝32点

(1) 1kg ¥9,600 の商品を625kg仕入れ，仕入諸掛 ¥180,000 を支払った。諸掛込原価の24%増しで定価をつけ，定価の６%引きで販売すると，利益額はいくらですか。

¥9,600×625kg＋¥180,000＝¥6,180,000

¥6,180,000×(1＋0.24)×(1－0.06)＝¥7,203,408　　¥7,203,408－¥6,180,000＝¥1,023,408

答　¥　1,023,408

(2) yd. 458－1－6 は何メートルですか。ただし，1 yd.＝0.9144mとする。（メートル未満切り捨て）

yd. 458－1－6＝458.5yd.　　458.5yd.×0.9144＝419m

答　419　m

(3) 年利率2.5%で２年９か月間借り入れ，期日に元利合計 ¥513,000 を支払った。元金はいくらですか。

¥513,000÷(1＋0.025×33÷12)＝¥480,000

答　¥　480,000

(4) 総量4,600kg，風袋５%，減量は風袋を除いた量の３%の商品を，純量1kgにつき ¥750 で仕入れ，１割６分の利益を見込んで定価をつけた。定価はいくらですか。

4,600kg×(1－0.05)×(1－0.03)＝4,238.9kg

(4,238.9kg×¥750)×(1＋0.16)＝¥3,687,843

答　¥　3,687,843

(5) 仲立人が売り主・買い主の双方から2.4%ずつの手数料を受け取る約束で商品売買の仲介をして，手数料合計 ¥324,000 を得た。売り主の手取金はいくらですか。

¥324,000÷0.048＝¥6,750,000×(1－0.024)＝¥6,588,000

答　¥　6,588,000

(6) £963.08 は米貨でいくらですか。ただし，£1＝¥110.69，$1＝¥89.43 とする。（セント未満四捨五入）

£963.08×¥110.69÷¥89.43＝$1,192.03

答　$　1,192.03

(7) 仕入原価に３割２分の利益を見込んで定価をつけ，定価の８掛で販売した商品の利益率は何分何厘ですか。

(1＋0.32)×(1－0.2)＝1.056

答　5　分　6　厘

(8) 額面 ¥2,920,000 の手形を，割引率4.2%で割り引き，割引料 ¥26,208 を支払った。割引日数は何日ですか。

¥26,208÷(¥2,920,000×0.042÷365)＝78

答　78　日

第２問　次の空欄を求めなさい。（18点）　●印@３点×６＝18点

(1) （円，セント未満切り上げ）

No.	被換算高	換算率	換算高
1	£ 924.03	£1＝¥130.83	●¥ 120,891
2	¥ 2,367,581	$1＝¥82.35	●$ 28,750.23

(2) （セント未満四捨五入）

No.	数量	単価	代価
1	gr. 865－4－9	1ダースにつき $ 9.37	●$ 97,305.11
2	● gr. 69－10－4	1個につき ¥2,810	¥ 28,268,600

(3) （両端入れ，割引料の円未満切り捨て）

No.	手形金額	割引率	振出日又は引受日	満期日	割引日	割引料	手取金
1	¥ 8,160,000	年 3.5%	10月26日	12月24日	11月２日	●¥ 41,470	¥ 8,118,530
2	●¥ 5,640,000	年 2.8%	６月30日	９月28日	７月18日	¥ 31,584	¥ 5,608,416

主催　公益社団法人　全国経理教育協会　　後援　文部科学省

第３回計算実務能力検定模擬試験

【禁無断転載】
制限時間50分

２　級

試験場校
受験番号
採　点

帳票計算

第1問　次の合計残高試算表を完成させなさい。(20点)　●印@２点×10＝20点

合計残高試算表

借方 残高	借方 合計	元丁	勘定科目	貸方 合計	貸方 残高
435,219,179	● 557,116,762	1	現金預金	121,897,583	
320,714,320	815,177,550	2	受取手形	● 494,463,230	
516,752,374	● 920,732,126	3	売掛金	403,979,752	
32,261,499	32,261,499	4	繰越商品		
● 54,543,987	54,543,987	5	備品		
	179,886,264	6	支払手形	● 776,272,045	596,385,781
	295,756,925	7	買掛金	847,482,787	● 551,725,862
		8	資本金	23,000,000	23,000,000
		9	繰越利益剰余金	13,662,822	● 13,662,822
	● 17,388,558	10	売上	939,449,621	922,061,063
675,901,379	724,628,708	11	仕入	● 48,727,329	
71,442,790	71,442,790	12	営業費		
2,106,835,528	● 3,668,935,169			3,668,935,169	2,106,835,528

第2問　伝票を用いて次の計算をしなさい。(20点)　【別冊伝票算 P.3～P.17】　@４点×５＝20点

(1) A商品の現金売上合計はいくらですか。　¥ 9,097,870
(2) B　〃　〃　¥ 6,746,410
(3) D　〃　〃　¥ 19,410,206
(4) 入金伝票の合計はいくらですか。　¥ 52,663,932
(5) 入金伝票合計と出金伝票合計の差額はいくらですか。　¥ 32,314,346

第3問　次の商品有高帳を完成させなさい。(10点)　●印@１点×10＝10点

B 商品　　商品有高帳　　(先入先出法)

令和×1年 月	日	摘要	受入 数量	受入 単価	受入 金額	払出 数量	払出 単価	払出 金額	残高 数量	残高 単価	残高 金額
8	1	前月繰越	18,276	137,280	(2,508,929,280)				18,276	137,280	(2,508,929,280)
	2	仕入	35,940	(150,555)	5,410,946,700				● 18,276	137,280	(2,508,929,280)
									35,940	(150,555)	5,410,946,700
	5	売上				18,276	137,280	(2,508,929,280)			
						21,724	(150,555)	(3,270,656,820)	● 14,216	(150,555)	(2,140,289,880)
	9	仕入	40,609	● 148,050	6,012,162,450				(14,216)	(150,555)	(2,140,289,880)
									40,609	(148,050)	6,012,162,450
	14	売上				● 14,216	(150,555)	(2,140,289,880)			
						23,784	(148,050)	(3,521,221,200)	● 16,825	(148,050)	(2,490,941,250)
	19	仕入	33,175	144,720	● 4,801,086,000				16,825	(148,050)	(2,490,941,250)
									33,175	144,720	(4,801,086,000)
	23	売上				16,825	(148,050)	(2,490,941,250)			
						10,105	144,720	(1,462,395,600)	● 23,070	144,720	(3,338,690,400)
	28	売上				13,070	144,720	(1,891,490,400)	(10,000)	144,720	(1,447,200,000)
	31	次月繰越				● 10,000	144,720	1,447,200,000			
			● 128,000		(18,733,124,430)	(128,000)		● 18,733,124,430			

商業計算は裏面に

商業計算

@４点×８＝32点

第1問　次の計算をしなさい。(32点)

(1) 総量5,600kg，風袋４％，減量は風袋を除いた量の２％の商品を１kg ¥750で仕入れ，２割５分の利益を見込んで定価をつけた。定価はいくらですか。

5,600kg×(1－0.04)×(1－0.02)＝5,268.48kg
5,268.48kg×¥750×(1＋0.25)＝¥4,939,200

答 ¥ 4,939,200

(2) ¥1,830,000を年利率2.7％で５月26日から８月31日まで借り入れた。期日に支払う元利合計はいくらですか。(片落し，円未満四捨五入)

¥1,830,000×(1＋0.027×97÷365)＝¥1,843,131

答 ¥ 1,843,131

(3) 仲立人が売り主から4.2％，買い主から3.6％の手数料を受け取る約束で商品売買の仲介をした。買い主の支払額が¥4,921,000のとき，仲立人が受け取る手数料の総額はいくらですか。

¥4,921,000÷(1＋0.036)＝¥4,750,000　　¥4,750,000×0.078＝¥370,500

答 ¥ 370,500

(4) １ダース¥45,000の商品を680個販売するため24％の利益を見込んで定価をつけた。定価はユーロでいくらですか。ただし，€1＝¥107.55とする。(セント未満四捨五入)

(¥45,000÷12)×680＝¥2,550,000　　¥2,550,000×(1＋0.24)＝¥3,162,000
¥3,162,000÷¥107.55＝€29,400.28

答 € 29,400.28

(5) yd.657－2－9は何メートルですか。ただし，１m＝3.281ftとする。(メートル未満切り捨て)

yd.657－2－9＝1,973.75ft　　1,973.75ft÷3.281ft＝601m

答 601 m

(6) 手形を振り出し，これを割り引いて手取金¥800,000を得たい。割引日数90日，割引率年3.7％とすれば，手形金額をいくらにすればよいですか。(手形金額の¥1,000未満切り上げ)

¥800,000÷(1－0.037×90÷365)＝¥808,000

答 ¥ 808,000

(7) 商品3,600個の販売を委託され，１個¥750で販売し，販売諸掛¥18,000を立て替えた。販売手数料を売上高の５％とすると，委託主への送金額はいくらですか。

(3,600×¥750)×(1－0.05)－¥18,000＝¥2,547,000

答 ¥ 2,547,000

(8) ある商品に仕入原価の２割６分の利益を見込んで定価をつけ，定価から¥42,960値引して販売したところ仕入原価の１割４分の利益を得た。仕入原価はいくらでしたか。

1.26－1.14＝0.12　　¥42,960÷0.12＝¥358,000

答 ¥ 358,000

第2問　次の空欄を求めなさい。(18点)　●印@３点×６＝18点

(1) (円，セント未満切り上げ)

No.	被換算高	換算率	換算高
1	¥ 8,621,000	$1＝¥86.95	● $ 99,148.94
2	€ 6,740.59	€1＝¥114.53	● ¥ 772,000

(2)

No.	数量	単価	代価
1	gr. 872－7－10	１個につき ¥530	● ¥ 66,600,860
2	● gr. 36－8－9	１ダースにつき $9.12	$ 4,019.64

(3) (両端入れ，割引料の円未満切り捨て)

No.	手形金額	割引率	振出日又は引受日	満期日	割引日	割引料	手取金
1	¥ 5,840,000	年 4.2％	9月15日	11月15日	8月22日	¥ 57,792	● ¥ 5,782,208
2	● ¥ 3,960,000	年 3.9％	5月31日	8月31日	6月20日	¥ 30,888	¥ 3,929,112

主催　公益社団法人　全国経理教育協会　　後援　文部科学省

第１回計算実務能力検定模擬試験

２　級

試験場校

受験番号

採　点

制限時間50分

帳　票　計　算

第１問　次の合計残高試算表を完成させなさい。(20点)

合　計　残　高　試　算　表

借方 残高	借方 合計	元丁	勘定科目	貸方 合計	貸方 残高
(　　)	717,647,929	1	現金預金	302,125,967	
(　　)	901,904,757	2	受取手形	720,683,315	
235,166,416	644,702,659	3	売掛金	(　　)	
(　　)	(　　)	4	繰越商品		
25,027,086	25,027,086	5	備品		
	(　　)	6	支払手形	517,058,084	355,240,407
	577,155,641	7	買掛金	851,571,253	(　　)
		8	資本金	232,000,000	232,000,000
		9	繰越利益剰余金	(　　)	(　　)
	39,952,015	10	売上	(　　)	898,285,411
(　　)	873,473,163	11	仕入	57,094,499	
(　　)	59,231,120	12	営業費		
(　　)	(　　)			(　　)	1,769,136,488

第２問　伝票を用いて次の計算をしなさい。(20点)　**【別冊伝票算 P.1 ～ P.15】**

商　業　計　算

第１問　次の計算をしなさい。(32点)

(1)　額面￥4,280,000，満期日10月20日の手形を８月21日に割引率3.8％で割り引いた。手取金はいくらですか。
（両端入れ，割引料の円未満切り捨て）

答　￥

(2)　＄469.05 は英貨でいくらですか。ただし，＄1 = ￥90.18　£1 = ￥107.64（ペンス未満四捨五入）

答　£

(3)　総量6,250kg，風袋３％，減量は風袋を除いた量の２％の商品に２割６分の利益を見込んで定価をつけた。利益額が￥5,561,010のとき，1kgあたりの原価はいくらですか。

答　￥

(4)　原価￥6,500,000の商品を仕入れ，仕入諸掛￥21,000を支払った。この商品を￥8,803,350で販売すると，利益率は諸掛込原価の何割何分ですか。

答　　　割　　　分

(5)　￥580,000を年利率3.8％で８月16日から11月５日まで借り入れた。期日に支払う元利合計はいくらですか。（片落し，円未満切り上げ）

答　￥

(6)　yd.560－1－3は何メートルですか。ただし，1m = 3.281ftとする。（メートル未満四捨五入）

主催　公益社団法人　全国経理教育協会　　後援　文部科学省

第２回計算実務能力検定模擬試験

試験場校 ＿＿＿＿

受験番号 ＿＿＿＿

採　点 ＿＿＿＿

制限時間50分

２　級

帳 票 計 算

第１問　次の合計残高試算表を完成させなさい。（20点）

合 計 残 高 試 算 表

借方 残高	借方 合計	元丁	勘定科目	貸方 合計	貸方 残高
328,700,695	597,509,830	1	現金預金	（　　）	
292,423,795	（　　）	2	受取手形	627,960,563	
（　　）	818,230,088	3	売掛金	514,564,794	
（　　）	（　　）	4	繰越商品		
35,764,917	35,764,917	5	建物		
	154,383,976	6	支払手形	463,120,938	（　　）
	（　　）	7	買掛金	748,728,909	386,409,654
		8	資本金	184,000,000	184,000,000
		9	繰越利益剰余金	（　　）	（　　）
	11,494,433	10	売上	（　　）	879,325,407
（　　）	777,696,010	11	仕入	25,586,702	
69,540,799	（　　）	12	営業費		
（　　）	（　　）			（　　）	1,829,063,250

商　業　計　算

第１問　次の計算をしなさい。(32点)

(1)　１kg￥9,600の商品を625kg仕入れ，仕入諸掛￥180,000を支払った。諸掛込原価の24％増しで定価をつけ，定価の６％引きで販売すると，利益額はいくらですか。

答　￥

(2)　yd. 458－1－6は何メートルですか。ただし，１yd. ＝ 0.9144mとする。(メートル未満切り捨て)

答　m

(3)　年利率2.5％で２年９か月間借り入れ，期日に元利合計￥513,000を支払った。元金はいくらですか。

答　￥

(4)　総量4,600kg，風袋５％，減量は風袋を除いた量の３％の商品を，純量１kgにつき￥750で仕入れ，１割６分の利益を見込んで定価をつけた。定価はいくらですか。

答　￥

(5)　仲立人が売り主・買い主の双方から2.4％ずつの手数料を受け取る約束で商品売買の仲介をして，手数料合計￥324,000を得た。売り主の手取金はいくらですか。

答　￥

(6)　£963.08は米貨でいくらですか。ただし，£1 ＝ ￥110.69，　$1 ＝ ￥89.43とする。(セント未満四捨五入)

主催　公益社団法人　全国経理教育協会　　後援　文部科学省

第3回計算実務能力検定模擬試験

試験場校

受験番号

採　点

【禁無断転載】

制限時間50分

2　級

帳　票　計　算

第1問　次の合計残高試算表を完成させなさい。(20点)

合　計　残　高　試　算　表

借方 残高	借方 合計	元丁	勘定科目	貸方 合計	貸方 残高
435,219,179	(　　)	1	現金預金	121,897,583	
320,714,320	815,177,550	2	受取手形	(　　)	
516,752,374	(　　)	3	売掛金	403,979,752	
32,261,499	32,261,499	4	繰越商品		
(　　)	(　　)	5	備品		
	179,886,264	6	支払手形	(　　)	596,385,781
	295,756,925	7	買掛金	847,482,787	(　　)
		8	資本金	23,000,000	23,000,000
		9	繰越利益剰余金	(　　)	(　　)
	(　　)	10	売上	939,449,621	922,061,063
675,901,379	724,628,708	11	仕入	(　　)	
(　　)	71,442,790	12	営業費		
(　　)	(　　)			(　　)	2,106,835,528

第2問　伝票を用いて次の計算をしなさい。(20点)　**【別冊伝票算 P.3 ～ P.17】**

商　業　計　算

第１問　次の計算をしなさい。(32点)

(1)　総量5,600kg，風袋４％，減量は風袋を除いた量の２％の商品を１kg ¥750 で仕入れ，２割５分の利益を見込んで定価をつけた。定価はいくらですか。

答　¥

(2)　¥1,830,000 を年利率2.7％で５月26日から８月31日まで借り入れた。期日に支払う元利合計はいくらですか。(片落し，円未満四捨五入)

答　¥

(3)　仲立人が売り主から4.2％，買い主から3.6％の手数料を受け取る約束で商品売買の仲介をした。買い主の支払額が ¥4,921,000 のとき，仲立人が受け取る手数料の総額はいくらですか。

答　¥

(4)　１ダース ¥45,000 の商品を680個販売するため24％の利益を見込んで定価をつけた。定価はユーロでいくらですか。ただし，€1 = ¥107.55 とする。(セント未満四捨五入)

答　€

(5)　yd. 657－2－9 は何メートルですか。ただし，１m = 3.281ft とする。(メートル未満切り捨て)

答　m

(6)　手形を振り出し，これを割り引いて手取金 ¥800,000 を得たい。割引日数90日，割引率年3.7％とすれば，手形金額をいくらにすればよいですか。(手形金額の ¥1,000 未満切り上げ)

主催　公益社団法人　全国経理教育協会　　後援　文部科学省

第４回計算実務能力検定模擬試験

２　級

試験場校 ＿＿＿＿

受験番号 ＿＿＿＿

採　点 ＿＿＿＿

【禁無断転載】

制限時間50分

帳票計算

第１問　次の合計残高試算表を完成させなさい。（20点）

合計残高試算表

借方 残高	借方 合計	元丁	勘定科目	貸方 合計	貸方 残高
246,185,291	479,263,497	1	現金預金	(　　)	
351,474,466	(　　)	2	受取手形	371,121,550	
(　　)	802,483,831	3	売掛金	425,543,989	
(　　)	(　　)	4	繰越商品		
63,856,223	63,856,223	5	備品		
	537,932,040	6	支払手形	845,622,965	(　　)
	274,076,495	7	買掛金	(　　)	456,397,196
		8	資本金	56,800,000	56,800,000
		9	繰越利益剰余金	(　　)	(　　)
	35,698,904	10	売上	(　　)	862,348,355
558,955,155	(　　)	11	仕入	47,283,094	
91,371,072	(　　)	12	営業費		
(　　)	(　　)			3,622,719,303	(　　)

第２問　伝票を用いて次の計算をしなさい。（20点）　**【別冊伝票算 P.4 ～ P.18】**

(1)　A商品の現金売上合計はいくらですか。　¥

商　業　計　算

第１問　次の計算をしなさい。(32点)

(1)　額面¥1,890,000，満期日11月30日の手形を９月28日に割引率年2.2％で割り引いた。手取金はいくらですか。(両端入れ，割引料の円未満切り捨て)

答　¥

(2)　€2,370.95 は米貨でいくらですか。ただし，€1 = ¥107.39，　$1 = ¥86.75 とする。(セント未満四捨五入)

答　$

(3)　仕入原価¥528,000 の商品を定価の２割引きで売っても，なお，原価の１割５分の利益を得たい。定価をいくらにすればよいですか。

答　¥

(4)　総量7,500kg，風袋４％，減量は風袋を除いた量の２％の商品を，純量１kgにつき¥625 で仕入れ，仕入原価の２割１分の利益を見込んで定価をつけた。定価はいくらですか。(円未満切り捨て)

答　¥

(5)　¥4,500,000 を年利率3.65％で借り入れ，期日に元利合計¥4,541,850を支払った。借入期間は何日間ですか。

答　　　　日

(6)　仲立人が，売り主から3.6％，買い主から3.8％の手数料を受け取る約束で，商品売買の仲介をした。仲立人の受け取った手数料合計が¥272,320 とすると，買い主の支払総額はいくらですか。

主催　公益社団法人　全国経理教育協会　　後援　文部科学省

第5回計算実務能力検定模擬試験

試験場校

受験番号

採　点

【禁無断転載】

制限時間50分

2　級

帳票計算

第1問　次の合計残高試算表を完成させなさい。(20点)

合計残高試算表

借方 残高	借方 合計	元丁	勘定科目	貸方 合計	貸方 残高
(　　)	518,294,117	1	現金預金	296,075,969	
(　　)	811,780,260	2	受取手形	513,241,102	
491,517,555	946,906,078	3	売掛金	(　　)	
(　　)	(　　)	4	繰越商品		
24,637,146	24,637,146	5	備品		
	(　　)	6	支払手形	642,182,695	241,768,402
	(　　)	7	買掛金	820,955,779	439,684,254
		8	資本金	234,000,000	234,000,000
		9	繰越利益剰余金	(　　)	(　　)
	12,148,302	10	売上	922,842,976	(　　)
(　　)	737,862,659	11	仕入	70,422,384	
59,930,784	(　　)	12	営業費		
(　　)	3,964,304,595			(　　)	(　　)

第2問　伝票を用いて次の計算をしなさい。(20点)　**【別冊伝票算 P.5 ～ P.19】**

(1)　A商品の現金売上合計はいくらですか。

商　業　計　算

第１問　次の計算をしなさい。(32点)

(1)　¥3,260,000を年利率1.9%で６月16日から９月29日まで借り入れた。期日に支払う元利合計はいくらですか。(両端入れ，円未満切り捨て)

答　¥

(2)　原価に１割６分の利益を見込んで定価をつけ，定価の４分引きで売った商品の利益額が¥35,784であった。この商品の原価はいくらですか。

答　¥

(3)　yd. 693－1－6は何メートルですか。ただし，１yd.＝0.9144mとする。(メートル未満切り上げ)

答　m

(4)　仲立人に売り主から2.6%，買い主から2.8%の手数料を支払う約束で商品売買を仲介してもらったところ，買い主の支払額が¥7,031,520であった。売り主の手取金はいくらですか。

答　¥

(5)　11月18日満期，額面¥6,400,000の手形を，８月26日に割り引き，割引料¥108,800を支払った。割引率は年何%ですか。(両端入れ)

答　%

(6)　１グロス¥600,000の商品を８ダース販売するため，15%の利益を見込んで定価をつけた。定価はユーロでいくらですか。ただし，€1＝¥110.12とする。(セント未満四捨五入)

主催　公益社団法人　全国経理教育協会　　後援　文部科学省

第6回計算実務能力検定模擬試験

試験場校

受験番号

採　点

【禁無断転載】

制限時間50分

2　級

帳 票 計 算

第1問　次の合計残高試算表を完成させなさい。(20点)

合 計 残 高 試 算 表

借方 残高	借方 合計	元丁	勘定科目	貸方 合計	貸方 残高
137,813,524	(　　)	1	現金預金	279,387,302	
355,258,205	784,034,668	2	受取手形	(　　)	
438,651,654	(　　)	3	売掛金	359,895,575	
(　　)	(　　)	4	繰越商品		
11,613,748	11,613,748	5	建物		
	266,228,483	6	支払手形	567,274,250	(　　)
	(　　)	7	買掛金	909,542,972	564,180,598
		8	資本金	164,000,000	164,000,000
		9	繰越利益剰余金	(　　)	(　　)
	59,807,581	10	売上	886,554,609	(　　)
(　　)	924,431,795	11	仕入	68,421,147	
(　　)	27,067,147	12	営業費		
(　　)	3,687,374,457			(　　)	(　　)

商　業　計　算

第１問　次の計算をしなさい。(32点)

(1)　総量5,800kg，風袋６％，減量は風袋を除いた量の２％の商品を，純量１kgにつき¥1,250で仕入れ，仕入原価の２割３分の利益を見込んで定価をつけた。定価はいくらですか。

答　¥

(2)　年利率4.2％で８か月借り入れ，期日に元利合計¥555,120を支払った。元金はいくらですか。

答　¥

(3)　原価¥1,900,000の商品を仕入れ，仕入諸掛¥12,000を支払った。この商品を¥2,256,160で販売すると，利益率は諸掛込原価の何割何分ですか。

答　　　割　　　分

(4)　仲立人が売り主から2.5％，買い主から3.5％の手数料を受け取る約束で商品売買の仲介をした。買い主の支払額が¥7,038,000のとき，仲立人の受け取る手数料の総額はいくらですか。

答　¥

(5)　yd.894－1－3は何メートルですか。ただし，１m＝3.281ftとする。(メートル未満四捨五入)

答　　　m

(6)　額面¥1,095,000の手形を，割引率年2.6％で割り引き，手取金¥1,087,824を受け取った。割引日数は何日ですか。

主催　公益社団法人　全国経理教育協会　　後援　文部科学省

第７回計算実務能力検定模擬試験

２　級

試験場校 ＿＿＿＿＿＿

受験番号 ＿＿＿＿＿＿

採　点 ＿＿＿＿＿＿

【禁無断転載】

制限時間50分

帳票計算

第１問　次の合計残高試算表を完成させなさい。(20点)

合計残高試算表

借方 残高	借方 合計	元丁	勘定科目	貸方 合計	貸方 残高
(　　)	623,158,673	1	現金預金	143,987,550	
382,934,664	(　　)	2	受取手形	596,016,667	
274,800,393	781,972,332	3	売掛金	(　　)	
39,767,807	39,767,807	4	繰越商品		
(　　)	(　　)	5	備品		
	(　　)	6	支払手形	818,115,143	551,812,458
	447,847,104	7	買掛金	(　　)	269,006,925
		8	資本金	233,000,000	233,000,000
		9	繰越利益剰余金	(　　)	(　　)
	4,219,450	10	売上	914,390,634	(　　)
(　　)	790,958,593	11	仕入	36,007,078	
(　　)	35,514,566	12	営業費		
(　　)	3,987,877,579			(　　)	(　　)

第２問　伝票を用いて次の計算をしなさい。(20点)　**【別冊伝票算 P.7 ～ P.21】**

商　業　計　算

第１問　次の計算をしなさい。(32点)

(1)　1 kg ¥4,500の商品を780kg仕入れ，仕入諸掛¥90,000を支払った。諸掛込原価の16%増しで定価をつけ，定価の７%引きで販売すると，利益はいくらですか。

答　¥

(2)　総量6,900kg，風袋５%，減量は風袋を除いた量の2.5%の商品を，純量 1 kgにつき¥560で仕入れ，仕入原価の１割８分の利益を見込んで定価をつけた。定価はいくらですか。(¥100未満切り上げ)

答　¥

(3)　元金¥730,000を７月30日から９月28日まで貸し付け，期日に利息¥3,416を受け取った。貸付利率は年何%ですか。(両端入れ)

答　　　%

(4)　$8,156.98はユーロでいくらですか。ただし，$1 = ¥105.48，€1 = ¥167.98とする。(セント未満四捨五入)

答　€

(5)　仕入原価¥394,240の商品を定価の12%引きで売っても，なお仕入原価の25%の利益を得たい。定価をいくらにすればよいですか。

答　¥

(6)　仲立人に売り主から3.2%，買い主から3.8%の手数料を支払う約束で商品売買を仲介してもらったところ，売り主の手取金が¥3,368,640であった。買い主の支払総額はいくらですか。

主催　公益社団法人　全国経理教育協会　　後援　文部科学省

第8回計算実務能力検定模擬試験

試験場校

受験番号

採　点

【禁無断転載】

制限時間50分

2　級

帳票計算

第1問　次の合計残高試算表を完成させなさい。(20点)

合計残高試算表

借方 残高	借方 合計	元丁	勘定科目	貸方 合計	貸方 残高
373,273,637	(　　)	1	現金預金	207,257,368	
139,719,017	733,695,553	2	受取手形	(　　)	
(　　)	891,441,221	3	売掛金	361,158,260	
(　　)	(　　)	4	繰越商品		
36,159,303	36,159,303	5	備品		
	279,612,832	6	支払手形	(　　)	423,933,755
	(　　)	7	買掛金	909,363,500	592,170,342
		8	資本金	125,000,000	125,000,000
		9	繰越利益剰余金	(　　)	(　　)
	2,956,666	10	売上	818,043,435	(　　)
822,980,280	(　　)	11	仕入	35,767,129	
(　　)	42,498,880	12	営業費		
(　　)	3,797,206,571			(　　)	(　　)

第2問　伝票を用いて次の計算をしなさい。(20点)　**【別冊伝票算 P.8 ~ P.22】**

(1)　B商品の現金売上合計はいくらですか。　¥

商　業　計　算

第１問　次の計算をしなさい。（32点）

(1)　額面¥1,620,000，満期日１月21日の手形を10月19日に割引率年2.9％で割り引いた。手取金はいくらですか。
（両端入れ，割引料の円未満切り捨て）

答　¥

(2)　１kgにつき¥5,690の商品を販売するとき，値段で10％引きするのと，数量で10％増量するのとでは，１kgあたりで比較すると，売り手にとって，どちらが，いくら有利ですか。（円未満切り捨て）

値引の方が　¥
答　増量の方が　¥　　有利

(3)　¥1,730,000を年利率2.9％で，１年10か月間貸し付けた。期日に受け取る元利合計はいくらですか。（円未満切り上げ）

答　¥

(4)　€2,150.84は米貨でいくらですか。ただし，€1＝¥132.86，$1＝¥91.39とする。（セント未満四捨五入）

答　$

(5)　¥7,560,000を年利率2.8％で借り入れ，期日に元利合計¥8,036,280を支払った。借入期間は何年何か月ですか。

答　　年　　か月

(6)　原価に¥65,000の利益を見込んで定価をつけ，定価の２割３分引きで販売したところ，¥165,000の損失となった。この商品の原価はいくらですか。

主催　公益社団法人　全国経理教育協会　　後援　文部科学省

第９回計算実務能力検定模擬試験

試験場校

受験番号

採　点

制限時間50分

２　級

帳票計算

第１問　次の合計残高試算表を完成させなさい。(20点)

合計残高試算表

借方 残高	借方 合計	元丁	勘定科目	貸方 合計	貸方 残高
371,790,197	538,868,710	1	現金預金	(　　)	
308,983,812	(　　)	2	受取手形	352,158,753	
(　　)	816,538,084	3	売掛金	504,715,338	
41,570,347	41,570,347	4	繰越商品		
(　　)	(　　)	5	備品		
	257,319,416	6	支払手形	653,365,213	(　　)
	405,744,425	7	買掛金	(　　)	322,668,437
		8	資本金	243,900,000	243,900,000
		9	繰越利益剰余金	(　　)	(　　)
	28,392,288	10	売上	859,385,813	(　　)
729,542,109	(　　)	11	仕入	61,587,243	
(　　)	57,952,548	12	営業費		
1,832,784,594	(　　)			(　　)	(　　)

第２問　伝票を用いて次の計算をしなさい。(20点)　**【別冊伝票算 P.9 ～ P.23】**

(1)　A商品の現金売上合計はいくらですか。　¥

商　業　計　算

第１問　次の計算をしなさい。(32点)

(1)　*¥1,830,000* を年利率2.8%で５月30日から９月８日まで借り入れた。期日に支払う元利合計はいくらですか。(片落し，円未満四捨五入)

答　¥

(2)　ある商品に28%の利益を見込んで定価をつけ，定価から *¥69,600* 値引きして販売したところ，仕入原価の12%の利益を得た。仕入原価はいくらですか。

答　¥

(3)　yd. 248－1－6 は何メートルですか。ただし，１yd. ＝ 0.9144mとする。(メートル未満切り捨て)

答　m

(4)　仲立人が売り主から2.9%，買い主から3.2%の手数料を受け取る約束で，商品売買の仲介をした。買い主の支払額が *¥4,705,920* のとき仲立人の受け取る手数料合計はいくらですか。

答　¥

(5)　手形を振り出し，これを割り引いて手取金 *¥659,000* を得たい。割引日数73日，割引率を年利率2.8%とすると，手形金額をいくらにすればよいですか。(手形金額の *¥100* 未満切り上げ)

答　¥

(6)　１ダース€ *68.40* の商品を1,800個販売するため，22%の利益を見込んで定価をつけた。定価はいくらですか。ただし，€ *1* ＝ *¥113.32* とする。(円未満切り上げ)

答　¥

主催　公益社団法人　全国経理教育協会　　後援　文部科学省

第10回計算実務能力検定模擬試験

試験場校

受験番号

採　点

制限時間50分

２　級

帳 票 計 算

第１問　次の合計残高試算表を完成させなさい。（20点）

合 計 残 高 試 算 表

借方 残高	借方 合計	元丁	勘定科目	貸方 合計	貸方 残高
211,641,891	（　　）	1	現金預金	222,244,830	
（　　）	547,037,588	2	受取手形	286,424,707	
319,161,125	788,337,378	3	売掛金	（　　）	
（　　）	（　　）	4	繰越商品		
29,317,157	29,317,157	5	備品		
	264,697,682	6	支払手形	（　　）	457,688,665
	513,254,847	7	買掛金	645,141,923	（　　）
		8	資本金	125,100,000	125,100,000
		9	繰越利益剰余金	（　　）	（　　）
	21,415,514	10	売上	835,326,515	（　　）
665,472,541	（　　）	11	仕入	40,714,187	
（　　）	82,240,778	12	営業費		
（　　）	3,403,858,517			（　　）	（　　）

第２問　伝票を用いて次の計算をしなさい。（20点）　**【別冊伝票算 P.10 ～ P.24】**

(1)　B商品の現金売上合計はいくらですか。　¥

商　業　計　算

第１問　次の計算をしなさい。(32点)

(1)　総量5,620kg，風袋４％，減量は風袋を除いた量の1.5％の商品を，純量１kgにつき¥325で仕入れ，仕入原価の25％の利益を見込んで定価をつけた。定価はいくらですか。(円未満切り捨て)

答　¥＿＿＿＿＿＿

(2)　¥845,000を９月26日に借り入れ，12月７日に元利合計¥848,718を支払った。借入利率は年利率何％ですか。(両端入れ)

答　＿＿＿＿＿＿％

(3)　１kgにつき¥53,000の商品を６％増量して売るのと，５％値引きして売るのとでは，売手にとって１kgあたり，どちらが，いくら有利ですか。

答　増量の方が ¥＿＿＿＿＿＿ 有利
　　値引の方が ¥

(4)　仲立人が，売り主から3.8％，買い主から4.2％の手数料を受け取る約束で，商品売買の仲介をした。仲立人の受け取る手数料合計が¥372,000とすると，買い主の支払総額はいくらですか。

答　¥＿＿＿＿＿＿

(5)　$4,965.30はユーロでいくらですか。ただし，$1＝¥89.81，€1＝¥134.68（セント未満四捨五入）

答　€＿＿＿＿＿＿

(6)　額面¥7,300,000の手形を，割引率2.8％で割り引いて，手取金¥7,246,800を得た。満期日を12月24日とすると，割引日は何月何日ですか。(両端入れ)

主催　公益社団法人　全国経理教育協会　　後援　文部科学省

第11回計算実務能力検定模擬試験

2　級

試験場校

受験番号

採　点

【禁無断転載】

制限時間50分

帳 票 計 算

第１問　次の合計残高試算表を完成させなさい。(20点)

合 計 残 高 試 算 表

借方 残高	借方 合計	元丁	勘定科目	貸方 合計	貸方 残高
(　　)	328,537,151	1	現金預金	159,166,884	
270,835,939	704,246,535	2	受取手形	(　　)	
250,504,378	(　　)	3	売掛金	566,037,132	
21,288,616	21,288,616	4	繰越商品		
(　　)	(　　)	5	建物		
	387,771,476	6	支払手形	715,159,384	(　　)
	614,433,555	7	買掛金	(　　)	112,177,495
		8	資本金	220,500,000	(　　)
		9	繰越利益剰余金	(　　)	(　　)
	(　　)	10	売上	864,437,157	818,276,664
(　　)	791,379,561	11	仕入	35,260,762	
41,576,221	41,576,221	12	営業費		
(　　)	(　　)			(　　)	1,526,235,554

商　業　計　算

第１問　次の計算をしなさい。(32点)

(1)　原価¥825,000の商品を定価の５％引きで売っても，なお，原価の14％利益を得たい。定価をいくらにすればよいですか。

答　¥

(2)　年利率2.4％で１年９か月間借り入れ，期日に元利合計¥395,960を支払った。元金はいくらでしたか。

答　¥

(3)　€8,109.63は米貨でいくらですか。ただし，€1 = ¥142.35　$1 = ¥105.31とする。(セント未満四捨五入)

答　$

(4)　手形を振り出し，これを割引いて手取金¥486,000を得たい。割引日数30日，割引率を年3.9％とすると，手形金額をいくらにすればよいですか。(手形金額の¥100未満切り上げ)

答　¥

(5)　買付の委託を受けた商品を¥640,000で買い入れ，諸掛¥15,360を立替えた。手数料を諸掛込原価の５％とすると，委託主への請求額はいくらですか。

答　¥

(6)　仲立人が売り主から3.8％，買い主から4.2％の手数料を受け取る約束で商品売買の仲介をした。買い主の支払額が¥5,053,700とすると，売り主の手取金はいくらですか。

主催　公益社団法人　全国経理教育協会　　後援　文部科学省

第12回計算実務能力検定模擬試験

試験場校

受験番号

採　点

制限時間50分

２　級

帳　票　計　算

第１問　次の合計残高試算表を完成させなさい。(20点)

合　計　残　高　試　算　表

借方 残高	借方 合計	元丁	勘定科目	貸方 合計	貸方 残高
228,630,873	367,044,256	1	現金預金	(　　)	
162,965,629	(　　)	2	受取手形	454,175,254	
(　　)	801,307,418	3	売掛金	656,244,758	
(　　)	(　　)	4	繰越商品		
21,213,376	21,213,376	5	備品		
	332,358,435	6	支払手形	(　　)	270,835,505
	(　　)	7	買掛金	734,331,387	67,372,544
		8	資本金	254,700,000	254,700,000
		9	繰越利益剰余金	(　　)	(　　)
	48,871,735	10	売上	871,588,941	(　　)
845,805,338	(　　)	11	仕入	29,565,986	
(　　)	34,344,246	12	営業費		
(　　)	3,779,454,474			(　　)	(　　)

第２問　伝票を用いて次の計算をしなさい。(20点)　**【別冊伝票算 P.12 ～ P.26】**

(1)　B商品の現金売上合計はいくらですか。　¥

商　業　計　算

第１問　次の計算をしなさい。(32点)

(1)　額面¥5,830,000，満期日２月６日の手形を11月20日に割引率3.4％で割り引いた。手取金はいくらですか。(両端入れ，割引料の円未満切り捨て)

答　¥

(2)　原価¥5,610,000の商品を仕入れ，仕入諸掛¥112,200を支払った。この商品を¥7,038,306で販売すると，利益率は諸掛込原価の何割何分ですか。

答　　割　　分

(3)　総量5,700kg，風袋2.5％，減量は風袋を除いた量の1.4％の商品を，純量10kgにつき¥4,800で仕入れ，仕入原価の22％の利益を見込んで定価をつけた。定価はいくらですか。(円未満四捨五入)

答　¥

(4)　仲立人が売り主から3.6％，買い主から4.2％の手数料を受け取る約束で商品売買の仲介をした。売り主の手取金が¥6,603,400のとき，仲立人の受け取る手数料合計はいくらですか。

答　¥

(5)　$3,760.25はユーロでいくらですか。ただし，$1＝¥84.21　€1＝¥113.21とする。(セント未満切り捨て)

答　€

(6)　原価に¥105,000の利益を見込んで定価をつけ，定価の１割８分引きで販売したところ¥18,600の利益が生じた。この商品の原価はいくらですか。

主催　公益社団法人　全国経理教育協会　　後援　文部科学省

第13回計算実務能力検定模擬試験

試験場校

受験番号

採　点

【禁無断転載】

制限時間50分

2　級

帳票計算

第1問　次の合計残高試算表を完成させなさい。(20点)

合計残高試算表

借方 残高	借方 合計	元丁	勘定科目	貸方 合計	貸方 残高
(　　)	340,461,585	1	現金預金	154,853,876	
246,964,271	524,357,462	2	受取手形	(　　)	
173,748,097	(　　)	3	売掛金	577,384,451	
60,431,338	60,431,338	4	繰越商品		
(　　)	(　　)	5	備品		
	441,741,344	6	支払手形	642,566,325	(　　)
	(　　)	7	買掛金	774,445,788	140,879,495
		8	資本金	264,600,000	264,600,000
		9	繰越利益剰余金	(　　)	(　　)
	42,065,032	10	売上	888,589,391	(　　)
803,525,728	841,933,950	11	仕入	(　　)	
(　　)	18,951,204	12	営業費		
(　　)	(　　)			3,669,314,616	(　　)

第2問　伝票を用いて次の計算をしなさい。(20点)　**【別冊伝票算 P.13 ～ P.27】**

(1)　A商品の現金売上合計はいくらですか。　　¥

商　業　計　算

第１問　次の計算をしなさい。(32点)

(1)　１kg￥6,500の商品を720kg仕入れ，仕入諸掛￥65,000を支払った。諸掛込原価の24％増しで定価をつけ，定価の12％引きで販売すると，利益はいくらですか。

答　￥

(2)　￥5,360,000を年利率2.8％で借り入れ，期日に元利合計￥6,072,880を支払った。借入期間は何年何か月ですか。

答　　年　　か月

(3)　€1,924.07は米貨でいくらですか。ただし，€1＝￥164.31，$1＝￥110.34とする。(セント未満四捨五入)

答　$

(4)　買付の委託を受けた商品を￥980,000で買入れ，諸掛￥73,500を立替えた。手数料を諸掛込原価の５％とすると，委託主への請求額はいくらですか。

答　￥

(5)　ある商品に仕入原価の２割９分の利益を見込んで定価をつけ，定価から￥133,840値引きして販売したところ仕入原価の１割５分の利益を得た。仕入原価はいくらでしたか。

答　￥

(6)　￥2,430,000を年利率2.8％で６月14日から９月５日まで借り入れた。期日に支払う元利合計はいくらですか。(片落し，円未満四捨五入)

主催　公益社団法人　全国経理教育協会　　後援　文部科学省

第14回計算実務能力検定模擬試験

試験場校

受験番号

採　　点

制限時間50分

2　級

帳　票　計　算

第１問　次の合計残高試算表を完成させなさい。(20点)

合　計　残　高　試　算　表

借方 残高	借方 合計	元丁	勘定科目	貸方 合計	貸方 残高
(　　)	606,562,236	1	現金預金	266,187,132	
240,539,848	(　　)	2	受取手形	125,052,534	
263,474,895	648,307,520	3	売掛金	(　　)	
83,502,122	83,502,122	4	繰越商品		
(　　)	(　　)	5	備品		
	347,132,222	6	支払手形	584,332,841	(　　)
	494,259,138	7	買掛金	(　　)	240,530,183
		8	資本金	327,600,000	(　　)
		9	繰越利益剰余金	(　　)	(　　)
	(　　)	10	売上	882,605,838	857,864,555
(　　)	801,933,807	11	仕入	50,525,358	
31,378,686	31,378,686	12	営業費		
(　　)	(　　)			(　　)	1,727,442,479

第２問　伝票を用いて次の計算をしなさい。(20点)　**【別冊伝票算 P.14 ～ P.28】**

(1)　A商品の現金売上合計はいくらですか。　¥

商　業　計　算

第１問　次の計算をしなさい。（32点）

(1)　総量3,570kg，風袋５％，減量は風袋を除いた量の３％の商品を，純量１kgにつき￥480で仕入れ，仕入原価の22％の利益を見込んで定価をつけた。定価はいくらですか。（円未満切り捨て）

答　￥

(2)　商品450kgの販売を委託され，１kgにつき￥5,800で販売し，販売諸掛￥38,400を立て替えた。販売手数料を売上高の８％とすると，委託主への送金額はいくらですか。

答　￥

(3)　９月28日満期，額面￥4,015,000の手形を，７月16日に割り引き，割引料￥21,450を支払った。割引率は年何％ですか。（両端入れ）

答　　　　％

(4)　ある商品に仕入原価の28％の利益を見込んで定価をつけ，定価から￥45,720値引きして販売したところ，仕入原価の16％の利益を得た。仕入原価はいくらでしたか。

答　￥

(5)　仲立人が売り主から3.4％，買い主から3.9％の手数料を受け取る約束で，商品売買の仲介をした。仲立人の受け取った手数料合計が￥578,890とすると，売り主の手取金はいくらですか。

答　￥

(6)　＄3,864.95はユーロでいくらですか。ただし，＄1＝￥96.09，€1＝￥113.57とする。（セント未満四捨五入）

主催　公益社団法人　全国経理教育協会　　後援　文部科学省

第15回計算実務能力検定模擬試験

試験場校

受験番号

採　点

制限時間50分

2　級

帳票計算

第1問　次の合計残高試算表を完成させなさい。(20点)

合計残高試算表

借方 残高	借方 合計	元丁	勘定科目	貸方 合計	貸方 残高
(　　)	411,625,153	1	現金預金	323,065,567	
564,790,801	(　　)	2	受取手形	157,138,767	
238,301,949	607,133,070	3	売掛金	(　　)	
(　　)	(　　)	4	繰越商品		
44,852,413	44,852,413	5	備品		
	162,233,528	6	支払手形	650,834,068	(　　)
	284,103,757	7	買掛金	(　　)	208,006,453
		8	資本金	214,200,000	214,200,000
		9	繰越利益剰余金	(　　)	(　　)
	25,834,625	10	売上	(　　)	708,058,026
604,539,754	(　　)	11	仕入	81,231,674	
(　　)	48,084,388	12	営業費		
(　　)	(　　)			3,077,981,180	(　　)

商　業　計　算

第１問　次の計算をしなさい。(32点)

(1)　¥465,000 を年利率2.9%で１年７か月間貸し付けた。期日に受け取る元利合計はいくらですか。(円未満四捨五入)

答　¥

(2)　仲立人が売り主から2.8%，買い主から3.1%の手数料を受け取る約束で，商品売買を仲介をした。買い主の支払額が ¥2,639,360 のとき，仲立人の受け取る手数料合計はいくらですか。

答　¥

(3)　原価に ¥63,000 の利益を見込んで定価をつけ，定価の１割８分引きで販売したところ，¥72,000 の損失となった。この商品の原価はいくらですか。

答　¥

(4)　額面 ¥4,380,000 の手形を，割引率年4.4%で割り引き，手取金 ¥4,343,568 を受け取った。割引日数は何日ですか。

答　　　　　日

(5)　買い付けの委託を受けた商品を ¥850,000 で買い入れ，諸掛 ¥73,000 を立て替えた。手数料を諸掛込原価の５%とすると，委託主への請求額はいくらですか。

答　¥

(6)　額面 ¥5,170,000，満期日11月25日の手形を９月５日に割引率年4.2%で割り引いた。手取金はいくらですか。(両端入れ，割引料の円未満切り捨て)

答　¥

主催　公益社団法人　全国経理教育協会　　後援　文部科学省

第16回計算実務能力検定模擬試験

試験場校

受験番号

採　点

制限時間50分

2　級

帳票計算

第1問　次の合計残高試算表を完成させなさい。(20点)

合計残高試算表

借方 残高	借方 合計	元丁	勘定科目	貸方 合計	貸方 残高
360,353,980	479,664,648	1	現金預金	(　　)	
(　　)	635,071,401	2	受取手形	442,643,162	
306,295,732	(　　)	3	売掛金	243,138,553	
48,435,483	48,435,483	4	繰越商品		
(　　)	(　　)	5	建物		
	289,780,614	6	支払手形	(　　)	362,103,692
	255,776,105	7	買掛金	467,075,127	(　　)
		8	資本金	320,400,000	320,400,000
		9	繰越利益剰余金	(　　)	(　　)
	14,723,137	10	売上	(　　)	802,010,349
(　　)	791,141,692	11	仕入	58,710,760	
43,669,770	(　　)	12	営業費		
1,771,097,358	(　　)			(　　)	(　　)

第2問　伝票を用いて次の計算をしなさい。(20点)　**【別冊伝票算 P.16 ～ P.30】**

(1)　A商品の現金売上合計はいくらですか。　　¥

商　業　計　算

第１問　次の計算をしなさい。(32点)

(1)　¥5,840,000 を年利率2.6%で８月14日から10月21日まで借り入れた。期日に支払う元利合計はいくらですか。(片落し，円未満四捨五入)

答　¥

(2)　１ダース€95.40 の商品を3,600個販売するため，21% の利益を見込んで定価をつけた。3,600個の定価は円貨でいくらですか。ただし，€1 = ¥113.79 とする（計算の最終で円未満切り上げ）

答　¥

(3)　¥6,240,000 を年利率2.9%で貸し付け，期日に元利合計¥6,737,640 を受け取った。貸付期間は何年何か月ですか。

答　　年　　か月

(4)　仲立人が売り主から4.2%，買い主から3.9%の手数料を受け取る約束で，商品売買の仲介をした。売り主の手取金¥8,248,380 のとき，仲立人の受け取る手数料合計はいくらですか。

答　¥

(5)　原価に２割５分の利益を見込んで定価をつけ，定価の６分引きで販売した商品の利益額が¥152,600 であった。この商品の原価はいくらですか。

答　¥

(6)　€7,328.04 は米貨でいくらですか。ただし，€1 = ¥113.79，$1 = ¥83.61 とする。(セント未満四捨五入)

答　$

額はいくらですか。

答 ¥

(8) 額面¥6,570,000の手形を，割引率年4.2%で割り引いて，手取金¥6,514,812を得た。満期日を10月31日とすると，割引日は何月何日ですか。(両端入れ)

答　　月　　日

第2問 次の空欄を求めなさい。(18点)

(1) (円，セント未満四捨五入)

No.	被換算高	換算率	換算高
1	€ 7,942.85	€1=¥120.73	¥
2	¥ 3,648,000	$1=¥89.52	$

(2)

No.	数量	単価	代価
1	gr. 391－5－4	1個につき ¥238	¥
2	gr. －　－	1ダースにつき $75.24	$ 616,873.95

(3) (両端入れ，割引料の円未満切り捨て)

No.	手形金額	割引率	振出日又は引受日	満期日	割引日	割引料	手取金
1	¥ 4,726,000	年 2.8%	4月25日	7月25日	5月13日	¥	¥
2	¥	年 3.6%	10月10日	1月10日	11月24日	¥ 10,368	¥

(3) D 〃 〃 ¥

(4) 入金伝票の合計はいくらですか。 ¥

(5) 入金伝票合計と出金伝票合計の差額はいくらですか。 ¥

第3問 次の商品有高帳を完成させなさい。(10点)

A 商品

商品有高帳

(先入先出法)

令和×1年		摘要	受入 数量	受入 単価	受入 金額	払出 数量	払出 単価	払出 金額	残高 数量	残高 単価	残高 金額
9	1	前月繰越	37,450	( )	730,724,400				37,450	( )	730,724,400
	2	仕入	61,720	17,491	( )				37,450	( )	730,724,400
									61,720	17,491	( )
	6	売上				37,450	( )	730,724,400			
						( )	17,491	( )	35,170	17,491	( )
	9	仕入	( )	21,339	1,272,828,672				35,170	17,491	( )
									( )	21,339	1,272,828,672
	13	売上				35,170	17,491	( )			
						( )	21,339	1,059,054,570	( )	21,339	( )
	18	仕入	85,369	18,786	( )				( )	21,339	( )
									85,369	18,786	( )
	25	売上				( )	21,339	( )			
						( )	18,786	( )	( )	18,786	671,017,134
	28	売上				16,395	18,786	( )	( )	18,786	( )
	30	**次月繰越**				( )	**18,786**	( )			
			( )		( )	( )		( )			

商業計算は裏面に

で定価をつけた。定価はいくらですか。（計算の最終で円未満四捨五入）

答 ￥

(8) 元金￥540,000を９月12日から11月23日まで貸し付け，期日に元利合計￥542,808を受け取った。貸付利率は年何％ですか。（両端入れ）

答　　　　％

第２問 次の空欄を求めなさい。（18点）

(1) （円，セント未満四捨五入）

No.	被換算高	換算率	換算高
1	￥ 8,954,000	$1＝￥92.73	$
2	€ 1,634.27	€1＝￥114.26	￥

(2)

No.	数量	単価	代価
1	gr. 958－2－3	1個につき $67.12	$
2	gr. － －	1ダースにつき￥980	￥ 5,597,270

(3) （両端入れ，割引料の円未満切り捨て）

No.	手形金額	割引率	振出日又は引受日	満期日	割引日	割引料	手取金
1	￥ 7,948,000	年 3.4％	９月15日	１月15日	10月19日	￥	￥
2	￥	年 2.9％	４月30日	10月30日	６月７日	￥ 75,516	￥

(1) A商品の現金売上合計はいくらですか。 ¥

(2) C 〃 〃 ¥

(3) D 〃 〃 ¥

(4) 入金伝票の合計はいくらですか。 ¥

(5) 入金伝票合計と出金伝票合計の差額はいくらですか。 ¥

第3問 次の商品有高帳を完成させなさい。(10点)

B 商 品

商 品 有 高 帳

(移動平均法)

令和×1年		摘要	受入 数量	受入 単価	受入 金額	払出 数量	払出 単価	払出 金額	残高 数量	残高 単価	残高 金額
8	1	前月繰越	16,800	5,300	( )				16,800	5,300	( )
	3	仕入	43,200	( )	250,560,000				60,000	( )	( )
	9	売上				21,600	( )	( )	38,400	( )	( )
	12	仕入	( )	5,600	188,160,000				( )	( )	( )
	18	売上				43,200	( )	( )	28,800	( )	( )
	24	仕入	19,200	( )	114,662,400				48,000	( )	( )
	26	売上				32,400	( )	( )	15,600	( )	( )
	31	**次月繰越**				**15,600**	( )	( )			
			( )		( )	( )		( )			

商業計算は裏面に

(7)　年利率2.3%で９か月間借り入れ，期日に元利合計￥3,926,585 を支払った。元金はいくらですか。

答　￥

(8)　１kgにつき￥8,750の商品を販売するとき，値段で８%引きするのと，数量で８%増量するのとでは，１kgあたりで比較すると，売り手にとって，どちらが，いくら有利ですか。（円未満切り捨て）

答　値引の方が ￥　　有利
　　増量の方が ￥

第２問　次の空欄を求めなさい。（18点）

(1)　（円，セント未満四捨五入）

No.	被換算高	換算率	換算高
1	€ 8,274.06	€／＝￥ 118.39	￥
2	￥ 6,283,000	$／＝￥ 87.34	$

(2)

No.	数量	単価	代価
1	gr. 891－7－6	１ダースにつき $ 45.32	$
2	gr. －　－	１個につき ￥ 790	￥ 40,765,580

(3)　（両端入れ，割引料の円未満切り捨て）

No.	手形金額	割引率	振出日又は引受日	満期日	割引日	割引料	手取金
1	￥ 4,368,000	年 2.7%	11月５日	２月５日	11月16日	￥	￥
2	￥	年 3.5%	６月20日	９月20日	７月10日	￥	￥ 5,753,442

(3) C 〃 〃 ¥

(4) 入金伝票の合計はいくらですか。 ¥

(5) 入金伝票合計と出金伝票合計の差額はいくらですか。 ¥

第3問 次の商品有高帳を完成させなさい。(10点)

C 商品

商品有高帳

(先入先出法)

令和×1年		摘要	受入 数量	受入 単価	受入 金額	払出 数量	払出 単価	払出 金額	残高 数量	残高 単価	残高 金額
12	1	前月繰越	54,870	31,408	( )				54,870	31,408	( )
	3	仕入	( )	30,540	1,922,187,600				54,870	31,408	( )
									( )	30,540	1,922,187,600
	6	売上				54,870	31,408	( )			
						( )	( )	436,416,600	48,650	( )	1,485,771,000
	11	売上				29,730	30,540	( )	( )	30,540	577,816,800
	14	仕入	86,590	( )	2,890,201,020				( )	30,540	577,816,800
									86,590	( )	2,890,201,020
	19	売上				( )	30,540	577,816,800			
						34,850	( )	1,163,223,300	51,740	( )	( )
	21	仕入	73,180	34,076	( )				51,740	( )	( )
									73,180	34,076	( )
	27	売上				51,740	( )	( )			
						47,810	( )	( )	( )	34,076	864,508,120
	31	**次月繰越**				( )	**34,076**	**864,508,120**			
			( )		( )	( )		( )			

商業計算は裏面に

¥2,578,160であった。買い主の支払総額はいくらですか。

答　¥

(8)　手形を振り出し，これを割り引いて手取金¥817,000を得たい。割引日数73日，割引率を年3.2%とすると，手形金額をいくらにすればよいですか。(手形金額の¥100未満切り上げ)

答　¥

第2問　次の空欄を求めなさい。(18点)

(1)　(円，セント未満四捨五入)

No.	被換算高	換算率	換算高
1	€ 63,750.29	€1＝¥124.39	¥
2	¥ 8,147,000	$1＝¥92.76	$

(2)

No.	数量	単価	代価
1	gr. 769－2－4	1個につき ¥850	¥
2	gr. － －	1ダースにつき $25.14	$ 287,714.73

(3)　(両端入れ，割引料の円未満切り捨て)

No.	手形金額	割引率	振出日又は引受日	満期日	割引日	割引料	手取金
1	¥ 8,573,000	年 3.2%	9月20日	12月20日	9月30日	¥	¥
2	¥	年 2.6%	1月31日	7月31日	3月8日	¥	¥ 1,434,920

(3) D 〃 〃 ¥

(4) 入金伝票の合計はいくらですか。 ¥

(5) 入金伝票合計と出金伝票合計の差額はいくらですか。 ¥

第3問 次の商品有高帳を完成させなさい。(10点)

A 商品

商品有高帳

(先入先出法)

令和×1年		摘要	受入 数量	受入 単価	受入 金額	払出 数量	払出 単価	払出 金額	残高 数量	残高 単価	残高 金額
9	1	前月繰越	36,100	( )	1,526,019,200				36,100	( )	1,526,019,200
	3	仕入	79,280	41,096	( )				36,100	( )	1,526,019,200
									79,280	41,096	( )
	7	売上				36,100	( )	1,526,019,200			
						14,900	41,096	( )	( )	41,096	2,645,760,480
	10	仕入	58,700	( )	2,329,685,600				( )	41,096	2,645,760,480
									58,700	( )	2,329,685,600
	14	売上				( )	41,096	1,876,854,320	18,710	41,096	( )
									58,700	( )	2,329,685,600
	18	売上				18,710	41,096	( )			
						42,380	( )	1,681,977,440	16,320	( )	( )
	21	仕入	( )	42,768	2,888,550,720				16,320	( )	( )
									( )	42,768	2,888,550,720
	27	売上				16,320	( )	647,708,160	( )	42,768	2,888,550,720
	30	**次月繰越**				( )	**42,768**	**2,888,550,720**			
			( )		( )	( )		( )			

商業計算は裏面に

(7) 元金¥365,000を11月24日から，翌年の２月９日まで貸し付け，期日に元利合計¥367,652を受け取った。貸付利率は何％ですか。

（平年，両端入れ）

答　　　　　　　％

(8) 額面¥2,850,000の手形を，割引率3.1％で割り引き，手取金¥2,814,660を受け取った。割引日数は何日間ですか。

答　　　　　　　日

第２問　次の空欄を求めなさい。（18点）

(1) （円，セント未満切り捨て）

No.	被換算高	換算率	換算高
1	¥ 9,316,800	$ / = ¥ 87.09	$
2	€ 2,576.49	€ / = ¥ 126.93	¥

(2)

No.	数量	単価	代価
1	gr. 896 − 4 − 11	1個につき $ 5.37	$
2	gr. − −	1ダースにつき¥ 480	¥ 4,092,120

(3) （両端入れ，割引料の円未満切り捨て）

No.	手形金額	割引率	振出日又は引受日	満期日	割引日	割引料	手取金
1	¥ 4,527,000	年 5.1％	９月５日	12月５日	９月12日	¥	¥
2	¥	年 7.3％	４月10日	７月10日	５月12日	¥ 21,900	¥

(3) D 〃 〃 ¥

(4) 入金伝票の合計はいくらですか。 ¥

(5) 入金伝票合計と出金伝票合計の差額はいくらですか。 ¥

第３問 次の商品有高帳を完成させなさい。(10点)

甲 商 品

商 品 有 高 帳

(先入先出法)

令和×1年		摘要	受入 数量	受入 単価	受入 金額	払出 数量	払出 単価	払出 金額	残高 数量	残高 単価	残高 金額
12	1	前月繰越	( )	33,000	2,019,600,000				( )	33,000	2,019,600,000
	4	仕入	38,750	( )	1,235,040,000				( )	33,000	2,019,600,000
									38,750	( )	1,235,040,000
	8	売上				( )	33,000	1,636,800,000	( )	33,000	382,800,000
									38,750	( )	1,235,040,000
	12	売上				( )	33,000	382,800,000			
						23,250	( )	741,024,000	15,500	( )	494,016,000
	14	仕入	45,800	29,720	( )				15,500	( )	494,016,000
									45,800	29,720	( )
	19	売上				15,500	( )	494,016,000			
						27,300	29,720	( )	18,500	29,720	( )
	25	仕入	52,640	( )	1,711,010,560				18,500	29,720	( )
									52,640	( )	1,711,010,560
	28	売上				18,500	29,720	( )	52,640	( )	1,711,010,560
	31	**次月繰越**				**52,640**	( )	**1,711,010,560**			
			( )		( )	( )		( )			

商業計算は裏面に

答　　　　　　　　　　日

(8) 原価に2割2分の利益を見込んで定価をつけ，定価の5分引きで販売した商品の利益額が¥104,463であった。この商品の原価はいくらですか。

答 ¥

第2問 次の空欄を求めなさい。(18点)

(1) (円，セント未満切り上げ)

No.	被換算高	換算率	換算高
1	€ 76,834.51	€1 = ¥121.95	¥
2	¥ 8,420,900	$1 = ¥84.08	$

(2) (セント未満四捨五入)

No.	数量	単価	代価
1	gr. 268 − 5 − 3	1ダースにつき $ 74.13	$
2	gr. − −	1個につき ¥ 650	¥ 75,757,500

(3) (両端入れ，割引料の円未満切り捨て)

No.	手形金額	割引率	振出日又は引受日	満期日	割引日	割引料	手取金
1	¥ 5,483,000	年 4.9%	3月25日	6月25日	4月10日	¥	¥
2	¥	年 4.2%	5月31日	8月31日	6月20日	¥ 24,696	¥

(1) A商品の現金売上合計はいくらですか。 ¥

(2) B 〃 〃 ¥

(3) C 〃 〃 ¥

(4) 入金伝票の合計はいくらですか。 ¥

(5) 入金伝票合計と出金伝票合計の差額はいくらですか。 ¥

第3問 次の商品有高帳を完成させなさい。(10点)

A 商品

商品有高帳

(移動平均法)

令和×1年		摘要	受入 数量	受入 単価	受入 金額	払出 数量	払出 単価	払出 金額	残高 数量	残高 単価	残高 金額
9	1	前月繰越	21,600	3,600	( )				21,600	3,600	( )
	4	仕入	38,400	( )	134,400,000				60,000	( )	( )
	6	売上				28,800	( )	( )	31,200	( )	( )
	12	仕入	( )	3,400	106,080,000				( )	( )	( )
	15	売上				43,200	( )	( )	19,200	( )	( )
	20	仕入	28,800	( )	113,414,400				48,000	( )	( )
	27	売上				33,600	( )	( )	14,400	( )	( )
	30	**次月繰越**				**14,400**	( )	( )			
			( )		( )	( )		( )			

商業計算は裏面に

(7) ¥1,730,000を年利率3.2%で1年8か月間貸し付けた。期日に受け取る元利合計はいくらですか。(円未満四捨五入)

答 ¥

(8) 仕入原価¥687,000の商品を定価の8掛で売っても，なお原価の1割6分の利益を得たい。定価をいくらにすればよいですか。

答 ¥

第2問 次の空欄を求めなさい。(18点)

(1) (円，セント未満四捨五入)

No.	被換算高	換算率	換算高
1	¥ 6,875,000	$1=¥ 91.95	$
2	€ 1,240.96	€1=¥ 115.20	¥

(2)

No.	数量	単価	代価
1	gr. 953－2－11	1個につき $ 5.29	$
2	gr. － －	1ダースにつき¥ 480	¥ 4,094,040

(3) (両端入れ，割引料の円未満切り捨て)

No.	手形金額	割引率	振出日又は引受日	満期日	割引日	割引料	手取金
1	¥ 5,680,000	年 5.2%	10月25日	1月25日	11月9日	¥	¥
2	¥	年 4.3%	6月16日	9月16日	7月6日	¥	¥ 2,171,166

(4) 入金伝票の合計はいくらですか。 ¥

(5) 入金伝票合計と出金伝票合計の差額はいくらですか。 ¥

第３問 次の商品有高帳を完成させなさい。(10点)

C 商 品

商 品 有 高 帳

(先入先出法)

令和×1年		摘要	受入			払出			残高		
			数量	単価	金額	数量	単価	金額	数量	単価	金額
12	1	前月繰越	45,312	( )	2,752,704,000				45,312	( )	2,752,704,000
	2	仕入	38,096	64,215	( )				45,312	( )	2,752,704,000
									38,096	64,215	( )
	5	売上				31,012	( )	( )	14,300	( )	( )
									38,096	64,215	( )
	12	売上				14,300	( )	( )			
						( )	64,215	( )	13,050	64,215	( )
	15	仕入	40,670	( )	2,554,889,400				13,050	64,215	( )
									40,670	( )	2,554,889,400
	19	売上				13,050	64,215	( )			
						20,480	( )	1,286,553,600	( )	( )	( )
	22	仕入	( )	63,482	3,634,344,500				( )	( )	( )
									( )	63,482	3,634,344,500
	28	売上				( )	( )	( )	( )	63,482	3,634,344,500
	31	**次月繰越**				( )	**63,482**	**3,634,344,500**			
			( )		( )	( )		( )			

商業計算は裏面に

で定価をつけた。定価はいくらですか。（¥1,000 未満切り捨て）

答　¥

(8)　買付の委託を受けた商品を ¥820,000 で買い入れ，諸掛 ¥16,400 を立替えた。手数料を諸掛込原価の４％とすると，委託主への請求額はいくらですか。

答　¥

第２問　次の空欄を求めなさい。(18点)

(1)　（円，セント未満切り上げ）

No.	被換算高	換算率	換算高
1	€ 1,990.58	€1 = ¥113.42	¥
2	¥ 9,823,740	$1 = ¥84.67	$

(2)　（セント未満四捨五入）

No.	数量	単価	代価
1	gr. 972 − 1 − 6	1ダースにつき $ 30.42	$
2	gr. − −	1個につき ¥ 840	¥ 95,641,560

(3)　（両端入れ，割引料の円未満切り捨て）

No.	手形金額	割引率	振出日又は引受日	満期日	割引日	割引料	手取金
1	¥ 7,396,000	年 4.1%	4月30日	7月30日	5月14日	¥	¥
2	¥	年 3.9%	7月25日	10月25日	8月14日	¥ 37,830	¥

(4) 入金伝票の合計はいくらですか。 ¥

(5) 入金伝票合計と出金伝票合計の差額はいくらですか。 ¥

第3問 次の商品有高帳を完成させなさい。(10点)

A 商品

商品有高帳

(先入先出法)

令和×1年		摘要	受入 数量	受入 単価	受入 金額	払出 数量	払出 単価	払出 金額	残高 数量	残高 単価	残高 金額
9	1	前月繰越	32,875	49,120	( )				32,875	49,120	( )
	5	仕入	( )	46,475	885,162,850				32,875	49,120	( )
									( )	46,475	885,162,850
	6	売上				32,875	49,120	( )			
						( )	46,475	( )	11,921	46,475	( )
	8	仕入	41,780	( )	2,029,672,400				11,921	46,475	( )
									41,780	( )	2,029,672,400
	13	売上				11,921	46,475	( )			
						20,890	( )	( )	( )	( )	1,014,836,200
	16	仕入	( )	47,308	1,258,108,952				( )	( )	1,014,836,200
									( )	47,308	1,258,108,952
	21	売上				( )	( )	1,014,836,200			
						8,865	47,308	( )	( )	47,308	( )
	28	売上				13,354	47,308	( )	( )	47,308	( )
	30	**次月繰越**				( )	**47,308**	( )			
			( )		( )	( )		( )			

商業計算は裏面に

¥336,960とすると，売り主の手取金はいくらですか。

答　¥

(8)　買付の委託を受けた商品を¥480,000で買入れ，諸掛¥12,000を立替えた。手数料を諸掛込原価の６％とすると，委託主への請求額はいくらですか。

答　¥

第２問　次の空欄を求めなさい。(18点)

(1)　(円，セント未満四捨五入)

No.	被換算高	換算率	換算高
1	¥ 5,327,000	$ / = ¥ 89.62	$
2	€ 9,480.16	€ / = ¥ 113.59	¥

(2)

No.	数量	単価	代価
1	gr. 741－8－3	1個につき $ 5.92	$
2	gr. － －	1ダースにつき¥ 840	¥ 9,086,910

(3)　(両端入れ，割引料の円未満切り捨て)

No.	手形金額	割引率	振出日又は引受日	満期日	割引日	割引料	手取金
1	¥ 3,850,000	年 4.2%	8月31日	11月30日	9月7日	¥	¥
2	¥	年 3.8%	11月5日	2月5日	11月25日	¥	¥ 9,288,864

(4) 入金伝票の合計はいくらですか。 ¥

(5) 入金伝票合計と出金伝票合計の差額はいくらですか。 ¥

第3問 次の商品有高帳を完成させなさい。(10点)

B 商品

商 品 有 高 帳

(先入先出法)

令和×1年		摘要	受入 数量	受入 単価	受入 金額	払出 数量	払出 単価	払出 金額	残高 数量	残高 単価	残高 金額
12	1	前月繰越	( )	75,000	4,095,000,000				( )	75,000	4,095,000,000
	3	仕入	43,180	( )	3,388,766,400				( )	75,000	4,095,000,000
									43,180	( )	3,388,766,400
	6	売上				( )	75,000	2,868,750,000	( )	75,000	1,226,250,000
									43,180	( )	3,388,766,400
	10	売上				( )	75,000	1,226,250,000			
						( )	( )	1,925,114,400	18,650	( )	1,463,652,000
	13	仕入	( )	77,230	4,829,964,200				18,650	( )	1,463,652,000
									( )	77,230	4,829,964,200
	17	売上				18,650	( )	1,463,652,000			
						( )	77,230	2,523,104,100	29,870	77,230	( )
	21	仕入	49,830	80,256	( )				29,870	77,230	( )
									49,830	80,256	( )
	27	売上				29,870	77,230	( )	49,830	80,256	( )
	31	**次月繰越**				**49,830**	**80,256**	( )			
			( )		( )	( )		( )			

(7) ¥2,810,000を年利率3.2%で1年8か月間借り入れた。期日に支払う元利合計はいくらですか。（円未満切り捨て）

答 ¥

(8) ある商品に仕入原価の18%の利益を見込んで定価をつけ，定価から¥5,150値引きして販売したところ，仕入原価の14%の利益を得た。この商品の仕入原価はいくらでしたか。

答 ¥

第2問 次の空欄を求めなさい。(18点)

(1) （円，セント未満切り上げ）

No.	被換算高	換算率	換算高
1	€ 2,743.09	€1 = ¥128.09	¥
2	¥ 8,615,000	$1 = ¥92.73	$

(2) （セント未満四捨五入）

No.	数量	単価	代価
1	gr. 378 − 4 − 9	1ダースにつき $ 13.65	$
2	gr. − −	1個につき ¥ 820	¥ 95,817,000

(3) （両端入れ，割引料の円未満切り捨て）

No.	手形金額	割引率	振出日又は引受日	満期日	割引日	割引料	手取金
1	¥ 4,317,000	年 4.2%	6月30日	9月30日	7月4日	¥	¥
2	¥	年 3.6%	7月10日	10月10日	7月30日	¥	¥ 3,698,180

(4) 入金伝票の合計はいくらですか。 ¥

(5) 入金伝票合計と出金伝票合計の差額はいくらですか。 ¥

第３問 次の商品有高帳を完成させなさい。(10点)

C 商品

商品有高帳

(先入先出法)

令和×1年		摘要	受入 数量	受入 単価	受入 金額	払出 数量	払出 単価	払出 金額	残高 数量	残高 単価	残高 金額
9	1	前月繰越	62,384	( )	2,027,480,000				62,384	( )	2,027,480,000
	2	仕入	20,975	36,184	( )				62,384	( )	2,027,480,000
									20,975	36,184	( )
	6	売上				62,384	( )	2,027,480,000			
						( )	36,184	( )	10,550	36,184	( )
	9	仕入	( )	34,090	1,714,590,640				10,550	36,184	( )
									( )	34,090	1,714,590,640
	15	売上				10,550	36,184	( )			
						31,864	34,090	( )	( )	34,090	( )
	21	仕入	86,725	( )	3,333,015,200				( )	34,090	( )
									86,725	( )	3,333,015,200
	27	売上				( )	34,090	( )			
						( )	( )	( )	57,640	( )	2,215,220,480
	29	売上				( )	( )	( )	10,875	( )	( )
	30	次月繰越				**10,875**	( )	( )			
			( )		( )	( )		( )			

(7) €1,063.29は米貨でいくらですか。ただし，€1 = ¥129.03，$1 = ¥89.53 とする。（セント未満切り捨て）

答 $

(8) 原価に¥52,000の利益を見込んで定価をつけ，定価の２割３分引きで販売したところ，¥5,960の損失になった。この商品の定価はいくらですか。

答 ¥

第２問 次の空欄を求めなさい。（18点）

(1) （円，セント未満四捨五入）

No.	被換算高	換算率	換算高
1	¥ 7,063,000	$1 = ¥ 89.47	$
2	€ 62,894.51	€1 = ¥ 128.56	¥

(2)

No.	数量	単価	代価
1	gr. 875 − 5 − 11	1個につき $ 17.35	$
2	gr. − −	1ダースにつき¥ 960	¥ 8,158,800

(3) （両端入れ，割引料の円未満切り捨て）

No.	手形金額	割引率	振出日又は引受日	満期日	割引日	割引料	手取金
1	¥ 7,806,000	年 3.7%	２月28日	８月28日	５月23日	¥	¥
2	¥	年 4.1%	８月25日	11月25日	９月14日	¥	¥ 6,863,256

(1) A商品の現金売上合計はいくらですか。 ¥______

(2) B 〃 〃 ¥______

(3) C 〃 〃 ¥______

(4) 入金伝票の合計はいくらですか。 ¥______

(5) 入金伝票合計と出金伝票合計の差額はいくらですか。 ¥______

第3問 次の商品有高帳を完成させなさい。(10点)

B 商 品

商 品 有 高 帳

(移動平均法)

令和×1年		摘要	受入 数量	受入 単価	受入 金額	払出 数量	払出 単価	払出 金額	残高 数量	残高 単価	残高 金額
12	1	前月繰越	24,000	7,200	( )				24,000	7,200	( )
	3	仕入	36,000	( )	277,200,000				60,000	( )	( )
	5	売上				30,000	( )	( )	30,000	( )	( )
	9	仕入	( )	7,300	131,400,000				( )	( )	( )
	12	売上				24,000	( )	( )	24,000	( )	( )
	17	仕入	51,000	( )	382,500,000				75,000	( )	( )
	22	売上				48,000	( )	( )	27,000	( )	( )
	31	**次月繰越**				**27,000**	( )	( )			
			( )		( )	( )		( )			

定価をつけた。定価はいくらですか。（円未満切り捨て）

答　￥

(8)　商品350kgの販売を委託され，1 kgにつき￥2,600で販売し，販売諸掛￥9,100を立て替えた。販売手数料を売上高の５％とすると，委託主への送金額はいくらですか。

答　￥

第２問　次の空欄を求めなさい。（18点）

(1)　（円，セント未満切り上げ）

No.	被換算高	換算率	換算高
1	￥　9,342,000	＄1＝￥　82.10	＄
2	€　7,651.08	€1＝￥　131.20	￥

(2)

No.	数量	単価	代価
1	gr.　701－5－3	1個につき　￥　840	￥
2	gr.　－　－	1ダースにつき＄　4.68	＄　46,732.14

(3)　（両端入れ，割引料の円未満切り捨て）

No.	手形金額	割引率	振出日又は引受日	満期日	割引日	割引料	手取金
1	￥　8,930,000	年 4.2％	5月31日	8月31日	6月13日	￥	￥
2	￥	年 4.4％	6月15日	12月15日	7月23日	￥	￥　4,185,024

(4) 入金伝票の合計はいくらですか。 ¥

(5) 入金伝票合計と出金伝票合計の差額はいくらですか。 ¥

第3問 次の商品有高帳を完成させなさい。(10点)

甲 商 品

商 品 有 高 帳

(先入先出法)

令和×1年		摘要	受入 数量	受入 単価	受入 金額	払出 数量	払出 単価	払出 金額	残高 数量	残高 単価	残高 金額
9	1	前月繰越	( )	77,500	3,747,280,000				( )	77,500	3,747,280,000
	3	仕入	50,148	( )	4,121,664,120				( )	77,500	3,747,280,000
									50,148	( )	4,121,664,120
	5	売上				( )	77,500	3,747,280,000			
						( )	( )	1,245,014,120	35,000	( )	( )
	8	仕入	36,925	( )	2,932,731,200				35,000	( )	( )
									36,925	( )	2,932,731,200
	12	売上				35,000	( )	( )			
						14,125	( )	( )	( )	( )	1,810,867,200
	17	仕入	41,076	84,736	( )				( )	( )	1,810,867,200
									41,076	84,736	( )
	22	売上				( )	79,424	1,810,867,200			
						( )	84,736	( )	30,570	84,736	( )
	26	売上				21,195	84,736	( )	( )	84,736	( )
	30	**次月繰越**				( )	**84,736**	( )			
			( )		( )	( )		( )			

商 業 計 算 は 裏 面 に

り，どちらがいくら有利ですか。

答　値引の方が ¥ ＿＿＿＿＿＿ 有利
　　増量の方が ¥ ＿＿＿＿＿＿

(8)　買付の委託をうけた商品を ¥870,000 で買入れ，諸掛 ¥26,100 を立替えた。手数料を諸掛込原価の６％とすると，委託主への請求額はいくらですか。

答　¥ ＿＿＿＿＿＿

第２問　次の空欄を求めなさい。(18点)

(1)　(円，セント未満切り上げ)

No.	被換算高	換算率	換算高
1	€ 9,704.68	€1＝¥ 118.24	¥
2	¥ 2,613,250	$1＝¥ 90.48	$

(2)　(セント未満四捨五入)

No.	数量	単価	代価
1	gr. 519－3－3	1ダースにつき $ 5.89	$
2	gr. －　－	1個につき ¥ 637	¥ 60,969,818

(3)　(両端入れ，割引料の円未満切り捨て)

No.	手形金額	割引率	振出日又は引受日	満期日	割引日	割引料	手取金
1	¥ 4,270,000	年 4.2%	1月10日	4月10日	3月5日	¥	¥
2	¥	年 3.8%	5月25日	8月25日	6月14日	¥ 27,664	¥

(4) 入金伝票の合計はいくらですか。 ¥

(5) 入金伝票合計と出金伝票合計の差額はいくらですか。 ¥

第3問 次の商品有高帳を完成させなさい。(10点)

A 商品

商　品　有　高　帳

(先入先出法)

令和×1年		摘要	受入 数量	受入 単価	受入 金額	払出 数量	払出 単価	払出 金額	残高 数量	残高 単価	残高 金額
12	1	前月繰越	62,139	( )	7,213,965,066				62,139	( )	7,213,965,066
	3	仕入	47,908	120,586	( )				62,139	( )	7,213,965,066
									47,908	120,586	( )
	6	売上				38,950	( )	4,521,861,300	( )	( )	2,692,103,766
									47,908	120,586	( )
	9	売上				( )	( )	2,692,103,766			
						( )	120,586	( )	17,234	120,586	( )
	12	仕入	38,052	( )	4,503,682,512				17,234	120,586	( )
									38,052	( )	4,503,682,512
	16	売上				17,234	120,586	( )			
						( )	( )	2,779,590,660	14,567	( )	1,724,091,852
	24	仕入	58,420	125,000	( )				14,567	( )	1,724,091,852
									58,420	125,000	( )
	26	売上				14,567	( )	1,724,091,852	58,420	125,000	( )
	31	**次月繰越**				**58,420**	**125,000**	( )			
			( )		( )	( )		( )			

商業計算は裏面に

の送金額はいくらですか。

答　¥

(8)　ある商品に仕入原価の２割６分の利益を見込んで定価をつけ，定価から¥42,960値引して販売したところ仕入原価の１割４分の利益を得た。仕入原価はいくらでしたか。

答　¥

第２問　次の空欄を求めなさい。(18点)

(1)　(円，セント未満切り上げ)

No.	被換算高	換算率	換算高
1	¥ 8,621,000	$1 = ¥ 86.95	$
2	€ 6,740.59	€1 = ¥ 114.53	¥

(2)

No.	数量	単価	代価
1	gr. 872 − 7 − 10	1個につき ¥ 530	¥
2	gr. − −	1ダースにつき $ 9.12	$ 4,019.64

(3)　(両端入れ，割引料の円未満切り捨て)

No.	手形金額	割引率	振出日又は引受日	満期日	割引日	割引料	手取金
1	¥ 5,840,000	年 4.2%	9月15日	11月15日	8月22日	¥	¥
2	¥	年 3.9%	5月31日	8月31日	6月20日	¥ 30,888	¥

(4) 入金伝票の合計はいくらですか。 ¥

(5) 入金伝票合計と出金伝票合計の差額はいくらですか。 ¥

第3問 次の商品有高帳を完成させなさい。(10点)

B 商品

商 品 有 高 帳

(先入先出法)

令和×1年		摘要	受入 数量	受入 単価	受入 金額	払出 数量	払出 単価	払出 金額	残高 数量	残高 単価	残高 金額
8	1	前月繰越	18,276	137.280	( )				18,276	137.280	( )
	2	仕入	35,940	( )	5,410,946,700				18,276	137.280	( )
									35,940	( )	5,410,946,700
	5	売上				18,276	137.280	( )			
						21,724	( )	( )	( )	( )	( )
	9	仕入	40,609	( )	6,012,162,450				( )	( )	( )
									40,609	( )	6,012,162,450
	14	売上				14,216	( )	( )			
						23,784	( )	( )	16,825	( )	( )
	19	仕入	33,175	144.720	( )				16,825	( )	( )
									33,175	144.720	( )
	23	売上				16,825	( )	( )			
						10,105	144.720	( )	( )	144.720	( )
	28	売上				13,070	144.720	( )	( )	144.720	( )
	31	**次月繰越**				( )	**144,720**	( )			
			( )		( )	( )		( )			

商 業 計 算 は 裏 面 に

(7) 仕入原価に３割２分の利益を見込んで定価をつけ，定価の８掛で販売した商品の利益率は何分何厘ですか。

答　　　　分　　　　厘

(8) 額面￥2,920,000の手形を，割引率4.2%で割り引き，割引料￥26,208を支払った。割引日数は何日ですか。

答　　　　日

第２問　次の空欄を求めなさい。(18点)

(1) (円，セント未満切り上げ)

No.	被換算高	換算率	換算高
1	£ 924.03	£1=￥130.83	￥
2	￥ 2,367,581	$1=￥82.35	$

(2) (セント未満四捨五入)

No.	数量	単価	代価
1	gr. 865－4－9	1ダースにつき $ 9.37	$
2	gr. －　－	1個につき ￥2,810	￥ 28,268,600

(3) (両端入れ，割引料の円未満切り捨て)

No.	手形金額	割引率	振出日又は引受日	満期日	割引日	割引料	手取金
1	￥ 8,160,000	年 3.5%	10月26日	12月24日	11月２日	￥	￥
2	￥	年 2.8%	６月30日	９月28日	７月18日	￥	￥ 5,608,416

(1) A商品の現金売上合計はいくらですか。 ¥

(2) C 〃 〃 ¥

(3) D 〃 〃 ¥

(4) 入金伝票の合計はいくらですか。 ¥

(5) 入金伝票合計と出金伝票合計の差額はいくらですか。 ¥

第3問 次の商品有高帳を完成させなさい。(10点)

A 商品

商品有高帳

(移動平均法)

令和×1年		摘要	受入 数量	受入 単価	受入 金額	払出 数量	払出 単価	払出 金額	残高 数量	残高 単価	残高 金額
11	1	前月繰越	24,000	4,800	( )				24,000	4,800	( )
	2	仕入	48,000	( )	216,000,000				72,000	( )	( )
	6	売上				36,000	( )	( )	36,000	( )	( )
	9	仕入	44,000	4,900	( )				80,000	( )	( )
	13	売上				40,000	( )	( )	40,000	( )	( )
	20	仕入	( )	4,700	282,000,000				( )	( )	( )
	29	売上				57,000	( )	( )	43,000	( )	( )
	30	**次月繰越**				**43,000**	( )	( )			
			( )		( )	( )		( )			

商業計算は裏面に

パーセントの小数第1位まで求めなさい。

答　　　　　　　　%

(8)　仲立人が売り主から4.6%，買い主から3.6%の手数料を受け取る約束で商品売買の仲介をした。売り主の手取金が¥4,636,440のとき，買い主の支払額はいくらか。

答　¥

第2問　次の空欄を求めなさい。(18点)

(1)　(円，セント未満切り上げ)

No.	被換算高	換算率	換算高
1	¥ 648,000	$ 1 = ¥ 83.74	$
2	£ 9,310.85	£ 1 = ¥ 132.45	¥

(2)

No.	数量	単価	代価
1	gr. 881 − 6 − 5	1個につき ¥ 540	¥
2	gr. − −	1ダースにつき $ 7.68	$ 176,952.96

(3)　(両端入れ，割引料の円未満切り捨て)

No.	手形金額	割引率	振出日又は引受日	満期日	割引日	割引料	手取金
1	¥ 6,730,000	年 3.9%	7月25日	9月30日	8月5日	¥	¥
2	¥	年 4.2%	9月28日	12月28日	10月17日	¥	¥ 5,338,775

(4) 入金伝票の合計はいくらですか。 ￥

(5) 入金伝票合計と出金伝票合計の差額はいくらですか。 ￥

第3問 次の商品有高帳を完成させなさい。(10点)

A 商品

商品有高帳

(先入先出法)

令和×1年		摘要	受入 数量	受入 単価	受入 金額	払出 数量	払出 単価	払出 金額	残高 数量	残高 単価	残高 金額
8	1	前月繰越	43,056	156,380	( )				43,056	156,380	( )
	3	仕入	29,480	( )	3,952,383,600				43,056	156,380	( )
									29,480	( )	3,952,383,600
	6	売上				43,056	156,380	( )			
						15,274	( )	2,047,785,180	( )	( )	( )
	10	仕入	31,795	144,816	( )				( )	( )	( )
									31,795	144,816	( )
	20	売上				14,206	( )	( )			
						( )	144,816	1,418,327,904	( )	144,816	( )
	22	仕入	50,604	( )	7,069,378,800				( )	144,816	( )
									50,604	( )	7,069,378,800
	24	売上				10,360	144,816	( )	( )	144,816	( )
									50,604	( )	7,069,378,800
	29	売上				( )	144,816	( )	50,604	( )	7,069,378,800
	31	**次月繰越**				**50,604**	( )	**7,069,378,800**			
			( )		( )	( )		( )			

主催　公益社団法人　全国経理教育協会　　後援　文部科学省

第４回計算実務能力検定模擬試験

試験場校
受験番号
採　点

【禁無断転載】
制限時間50分

２　級

帳 票 計 算

第１問　次の合計残高試算表を完成させなさい。(20点)　　●印@２点×10＝20点

合 計 残 高 試 算 表

借方 残高	借方 合計	元丁	勘定科目	貸方 合計	貸方 残高
246,185,291	479,263,497	1	現金預金	● 233,078,206	
351,474,466	● 722,596,016	2	受取手形	371,121,550	
● 376,939,842	802,483,831	3	売掛金	425,543,989	
● 9,202,976	9,202,976	4	繰越商品		
63,856,223	63,856,223	5	備品		
	537,932,040	6	支払手形	845,622,965	● 307,690,925
	274,076,495	7	買掛金	● 730,473,691	456,397,196
		8	資本金	56,800,000	56,800,000
		9	繰越利益剰余金	14,748,549	● 14,748,549
	35,698,904	10	売上	● 898,047,259	862,348,355
558,955,155	● 606,238,249	11	仕入	47,283,094	
91,371,072	91,371,072	12	営業費		
● 1,697,985,025	3,622,719,303			3,622,719,303	1,697,985,025

第２問　伝票を用いて次の計算をしなさい。(20点)　【別冊伝票算 P.4～P.18】　　@４点×５＝20点

(1) A商品の現金売上合計はいくらですか。	¥	9,094,360
(2) C　〃　〃	¥	15,369,262
(3) D　〃　〃	¥	18,956,436
(4) 入金伝票の合計はいくらですか。	¥	50,229,375
(5) 入金伝票合計と出金伝票合計の差額はいくらですか。	¥	29,879,789

第３問　次の商品有高帳を完成させなさい。(10点)　　●印@１点×10＝10点

A　商品　　　商 品 有 高 帳　　　(先入先出法)

令和×1年 月	日	摘要	受入 数量	受入 単価	受入 金額	払出 数量	払出 単価	払出 金額	残高 数量	残高 単価	残高 金額
12	1	前月繰越	62,139	(116,094)	7,213,965,066				62,139	(116,094)	7,213,965,066
	3	仕入	47,908	120,586	● 5,777,034,088				● 62,139	(116,094)	7,213,965,066
									47,908	120,586	5,777,034,088
	6	売上				38,950	(116,094)	4,521,861,300	23,189	(116,094)	2,692,103,766
									47,908	120,586	5,777,034,088
	9	売上				● 23,189	(116,094)	2,692,103,766			
						30,674	120,586	3,698,854,964	17,234	120,586	2,078,179,124
	12	仕入	38,052	● 118,356	4,503,682,512				● 17,234	120,586	2,078,179,124
									38,052	(118,356)	4,503,682,512
	16	売上				● 17,234	120,586	2,078,179,124			
						23,485	(118,356)	2,779,590,660	14,567	(118,356)	1,724,091,852
	24	仕入	58,420	125,000	● 7,302,500,000				● 14,567	(118,356)	1,724,091,852
									58,420	125,000	7,302,500,000
	26	売上				14,567	(118,356)	1,724,091,852	58,420	125,000	7,302,500,000
	31	次月繰越				58,420	125,000	7,302,500,000			
			206,519		● 24,797,181,666	● 206,519		24,797,181,666			

商 業 計 算 は 裏 面 に

商 業 計 算　　@４点×８＝32点

第１問　次の計算をしなさい。(32点)

(1) 額面¥1,890,000，満期日11月30日の手形を９月28日に割引率年2.2%で割り引いた。手取金はいくらですか。(両端入れ，割引料の円未満切り捨て)

¥1,890,000×0.022×64÷365＝¥7,290　　¥1,890,000－¥7,290＝¥1,882,710

答　¥　1,882,710

(2) €2,370.95は米貨でいくらですか。ただし，€1＝¥107.39，$1＝¥86.75とする。(セント未満四捨五入)

€2,370.95×¥107.39÷¥86.75＝$2,935.06

答　$　2,935.06

(3) 仕入原価¥528,000の商品を定価の２割引きで売っても，なお，原価の１割５分の利益を得たい。定価をいくらにすればよいですか。

¥528,000×(1＋0.15)÷(1－0.2)＝¥759,000

答　¥　759,000

(4) 総量7,500kg，風袋４%，減量は風袋を除いた量の２%の商品を，純量１kgにつき¥625で仕入れ，仕入原価の２割１分の利益を見込んで定価をつけた。定価はいくらですか。(円未満切り捨て)

7,500kg×(1－0.04)×(1－0.02)＝7,056kg　　(7,056kg×¥625)×(1＋0.21)＝¥5,336,100

答　¥　5,336,100

(5) ¥4,500,000を年利率3.65%で借り入れ，期日に元利合計¥4,541,850を支払った。借入期間は何日間ですか。

(¥4,541,850－¥4,500,000)÷(¥4,500,000×0.0365÷365)＝93

答　93　日

(6) 仲立人が，売り主から3.6%，買い主から3.8%の手数料を受け取る約束で，商品売買の仲介をした。仲立人の受け取った手数料合計が¥272,320とすると，買い主の支払総額はいくらですか。

¥272,320÷(0.038＋0.036)＝¥3,680,000　　¥3,680,000×(1＋0.038)＝¥3,819,840

答　¥　3,819,840

(7) １kgにつき¥16,800の商品を買うのに，値段を５%引きにしてもらうのと，数量を５%増量してもらうのとでは，買手にとって１kgあたり，どちらがいくら有利ですか。

¥16,800×(1－0.05)＝¥15,960　　¥16,800÷(1＋0.05)＝¥16,000

答　値引の方が　¥　40　有利
　　増量の方が　¥

(8) 買付の委託をうけた商品を¥870,000で買入れ，諸掛¥26,100を立替えた。手数料を諸掛込原価の６%とすると，委託主への請求額はいくらですか。

(¥870,000＋¥26,100)×(1＋0.06)＝¥949,866

答　¥　949,866

第２問　次の空欄を求めなさい。(18点)　　●印@３点×６＝18点

(1) (円，セント未満切り上げ)

No.	被換算高	換算率	換算高
1	€ 9,704.68	€1＝¥118.24	●¥ 1,147,482
2	¥ 2,613,250	$1＝¥90.48	●$ 28,882.08

(2) (セント未満四捨五入)

No.	数量	単価	代価
1	gr. 519－3－3	1ダースにつき $ 5.89	●$ 36,702.06
2	● gr. 664－8－2	1個につき ¥ 637	¥ 60,969,818

(3) (両端入れ，割引料の円未満切り捨て)

No.	手形金額	割引率	振出日又は引受日	満期日	割引日	割引料	手取金
1	¥ 4,270,000	年 4.2%	1月10日	4月10日	3月5日	¥ 18,179	●¥ 4,251,821
2	●¥ 3,640,000	年 3.8%	5月25日	8月25日	6月14日	¥ 27,664	¥ 3,612,336

主催　公益社団法人　全国経理教育協会　　後援　文部科学省

第５回計算実務能力検定模擬試験

試験場校

受験番号

採　点

【禁無断転載】

制限時間50分

２　級

帳　票　計　算

第１問　次の合計残高試算表を完成させなさい。(20点)　　●印@２点×10＝20点

合　計　残　高　試　算　表

借方 残高	借方 合計	元丁	勘定科目	貸方 合計	貸方 残高
● 222,218,148	518,294,117	1	現金預金	296,075,969	
● 298,539,158	811,780,260	2	受取手形	513,241,102	
491,517,555	946,906,078	3	売掛金	● 455,388,523	
71,059,431	● 71,059,431	4	繰越商品		
24,637,146	24,637,146	5	備品		
	● 400,414,293	6	支払手形	642,182,695	241,768,402
	● 381,271,525	7	買掛金	820,955,779	439,684,254
		8	資本金	234,000,000	234,000,000
		9	繰越利益剰余金	● 9,195,167	9,195,167
	12,148,302	10	売上	922,842,976	● 910,694,674
● 667,440,275	737,862,659	11	仕入	70,422,384	
59,930,784	59,930,784	12	営業費		
1,835,342,497	3,964,304,595			3,964,304,595	● 1,835,342,497

第２問　伝票を用いて次の計算をしなさい。(20点)　**【別冊伝票算 P.５～P.19】**　　@４点×５＝20点

(1)　A商品の現金売上合計はいくらですか。　¥ 9,094,360

(2)　B　〃　〃　¥ 6,809,317

(3)　D　〃　〃　¥ 18,956,436

(4)　入金伝票の合計はいくらですか。　¥ 50,229,375

(5)　入金伝票合計と出金伝票合計の差額はいくらですか。　¥ 29,493,945

第３問　次の商品有高帳を完成させなさい。(10点)　　●印@１点×10＝10点

甲商品　　商　品　有　高　帳　　(先入先出法)

令和×1年		摘要	受入 数量	受入 単価	受入 金額	払出 数量	払出 単価	払出 金額	残高 数量	残高 単価	残高 金額
9	1	前月繰越	48,352	77,500	3,747,280,000				48,352	77,500	3,747,280,000
	3	仕入	50,148	● 82,190	4,121,664,120				● 48,352	77,500	3,747,280,000
									50,148	82,190	4,121,664,120
	5	売上				48,352	77,500	3,747,280,000			
						15,148	82,190	1,245,014,120	35,000	82,190	2,876,650,000
	8	仕入	36,925	● 79,424	2,932,731,200				35,000	82,190	2,876,650,000
									36,925	79,424	2,932,731,200
	12	売上				● 35,000	82,190	2,876,650,000			
						14,125	79,424	1,121,864,000	22,800	79,424	1,810,867,200
	17	仕入	41,076	84,736	● 3,480,615,936				● 22,800	79,424	1,810,867,200
									41,076	84,736	3,480,615,936
	22	売上				● 22,800	79,424	1,810,867,200			
						10,506	84,736	890,236,416	30,570	84,736	2,590,379,520
	26	売上				21,195	84,736	1,795,979,520	● 9,375	84,736	794,400,000
	30	次月繰越				9,375	84,736	794,400,000			
			● 176,501		14,282,291,256	176,501		● 14,282,291,256			

商業計算は裏面に

商　業　計　算

@４点×８＝32点

第１問　次の計算をしなさい。(32点)

(1)　¥3,260,000を年利率1.9%で６月16日から９月29日まで借り入れた。期日に支払う元利合計はいくらですか。(両端入れ，円未満切り捨て)

¥3,260,000＋(¥3,260,000×0.019×106÷365)＝¥3,277,988

答　¥　3,277,988

(2)　原価に１割６分の利益を見込んで定価をつけ，定価の４分引きで売った商品の利益額が¥35,784であった。この商品の原価はいくらですか。

(１＋0.16)×(１－0.04)－１＝0.1136 (利益率)　　¥35,784÷0.1136＝¥315,000

答　¥　315,000

(3)　yd.693－1－6は何メートルですか。ただし，1yd.＝0.9144mとする。(メートル未満切り上げ)

yd.693－1－6＝693.5yd.　　693.5yd.×0.9144＝635m

答　635　m

(4)　仲立人に売り主から2.6%，買い主から2.8%の手数料を支払う約束で商品売買を仲介してもらったところ，買い主の支払額が¥7,031,520であった。売り主の手取金はいくらですか。

¥7,031,520÷(１＋0.028)＝¥6,840,000 (売買価額)

¥6,840,000×(１－0.026)＝¥6,662,160

答　¥　6,662,160

(5)　11月18日満期，額面¥6,400,000の手形を，８月26日に割り引き，割引料¥108,800を支払った。割引率は年何%ですか。(両端入れ)

¥108,800÷(¥6,400,000×85÷365)＝0.073

答　7.3　%

(6)　１グロス¥600,000の商品を８ダース販売するため，15%の利益を見込んで定価をつけた。定価はユーロでいくらですか。ただし，€１＝¥110.12とする。(セント未満四捨五入)

¥600,000÷12×８×(１＋0.15)＝¥460,000　　¥460,000÷110.12＝4,177.26

答　€　4,177.26

(7)　総量21,000kg，風袋2.5%，減量は風袋を除いた量の1.4%の商品を，純量10kgにつき¥900で仕入れ，仕入原価の18%の利益を見込んで定価をつけた。定価はいくらですか。(円未満切り捨て)

21,000kg×(１－0.025)×(１－0.014)＝20,188.35kg (純量)

20,188.35kg÷10×¥900×(１＋0.18)＝¥2,144,002

答　¥　2,144,002

(8)　商品350kgの販売を委託され，１kgにつき¥2,600で販売し，販売諸掛¥9,100を立て替えた。販売手数料を売上高の５%とすると，委託主への送金額はいくらですか。

(350kg×¥2,600)×(１－0.05)－¥9,100＝¥855,400

答　¥　855,400

第２問　次の空欄を求めなさい。(18点)　　●印@３点×６＝18点

(1)　(円，セント未満切り上げ)

No.	被換算高	換算率	換算高
1	¥ 9,342,000	$１＝¥82.10	●$ 113,788.07
2	€ 7,651.08	€１＝¥131.20	●¥ 1,003,822

(2)

No.	数量	単価	代価
1	gr. 701－5－3	1個につき　¥840	●¥ 84,845,880
2	● gr. 832－1－6	1ダースにつき $4.68	$ 46,732.14

(3)　(両端入れ，割引料の円未満切り捨て)

No.	手形金額	割引率	振出日又は引受日	満期日	割引日	割引料	手取金
1	¥ 8,930,000	年 4.2%	5月31日	8月31日	6月13日	¥ 82,204	●¥ 8,847,796
2	●¥ 4,260,000	年 4.4%	6月15日	12月15日	7月23日	¥ 74,976	¥ 4,185,024

主催　公益社団法人　全国経理教育協会　　後援　文部科学省

第６回計算実務能力検定模擬試験

試験場校
受験番号
採　点

【禁無断転載】
制限時間50分

２　級

帳 票 計 算

第１問　次の合計残高試算表を完成させなさい。（20点）　　●印@２点×10＝20点

合計残高試算表

借方 残高	借方 合計	元丁	勘定科目	貸方 合計	貸方 残高
137,813,524	● 417,200,826	1	現金預金	279,387,302	
355,258,205	784,034,668	2	受取手形	● 428,776,463	
438,651,654	● 798,547,229	3	売掛金	359,895,575	
● 53,080,606	53,080,606	4	繰越商品		
11,613,748	11,613,748	5	建物		
	266,228,483	6	支払手形	567,274,250	● 301,045,767
	● 345,362,374	7	買掛金	909,542,972	564,180,598
		8	資本金	164,000,000	164,000,000
		9	繰越利益剰余金	● 23,522,139	23,522,139
	59,807,581	10	売上	886,554,609	● 826,747,028
● 856,010,648	924,431,795	11	仕入	68,421,147	
27,067,147	27,067,147	12	営業費		
1,879,495,532	3,687,374,457			3,687,374,457	● 1,879,495,532

第２問　伝票を用いて次の計算をしなさい。（20点）　【別冊伝票算 P.6～P.20】　　@４点×５＝20点

(1) A商品の現金売上合計はいくらですか。　¥ 8,329,995
(2) B　〃　〃　¥ 6,812,465
(3) C　〃　〃　¥ 15,311,519
(4) 入金伝票の合計はいくらですか。　¥ 49,412,099
(5) 入金伝票合計と出金伝票合計の差額はいくらですか。　¥ 28,676,669

第３問　次の商品有高帳を完成させなさい。（10点）　　●印@１点×10＝10点

B 商 品　　　　商品有高帳　　　（移動平均法）

令和×1年		摘要	受入 数量	受入 単価	受入 金額	払出 数量	払出 単価	払出 金額	残高 数量	残高 単価	残高 金額
12	1	前月繰越	24,000	7,200	172,800,000				24,000	7,200	172,800,000
	3	仕入	36,000	●7,700	277,200,000				60,000	●7,500	450,000,000
	5	売上				30,000	7,500	●225,000,000	30,000	7,500	225,000,000
	9	仕入	●18,000	7,300	131,400,000				48,000	●7,425	356,400,000
	12	売上				24,000	7,425	●178,200,000	24,000	7,425	178,200,000
	17	仕入	51,000	7,500	382,500,000				75,000	●7,476	560,700,000
	22	売上				48,000	7,476	●358,848,000	27,000	7,476	●201,852,000
	31	次月繰越				27,000	7,476	201,852,000			
			129,000		●963,900,000	129,000		963,900,000			

商業計算は裏面に

商 業 計 算

第１問　次の計算をしなさい。（32点）　　@４点×８＝32点

(1) 総量5,800kg，風袋６％，減量は風袋を除いた量の２％の商品を，純量１kgにつき¥1,250で仕入れ，仕入原価の２割３分の利益を見込んで定価をつけた。定価はいくらですか。

5,800kg×（１－0.06）×（１－0.02）＝5,342.96kg（純量）
5,342.96kg×¥1,250×（１＋0.23）＝¥8,214,801

答 ¥ 8,214,801

(2) 年利率4.2％で８か月借り入れ，期日に元利合計¥555,120を支払った。元金はいくらですか。

¥555,120÷（１＋0.042×８÷12）＝¥540,000

答 ¥ 540,000

(3) 原価¥1,900,000の商品を仕入れ，仕入諸掛¥12,000を支払った。この商品を¥2,256,160で販売すると，利益率は諸掛込原価の何割何分ですか。

¥2,256,160÷（¥1,900,000＋¥12,000）－１＝0.18

答 １ 割 ８ 分

(4) 仲立人が売り主から2.5％，買い主から3.5％の手数料を受け取る約束で商品売買の仲介をした。買い主の支払額が¥7,038,000のとき，仲立人の受け取る手数料の総額はいくらですか。

¥7,038,000÷（１＋0.035）＝¥6,800,000（売買価額）
¥6,800,000×（0.035＋0.025）＝¥408,000

答 ¥ 408,000

(5) yd.894－1－3は何メートルですか。ただし，１m＝3.281ftとする。（メートル未満四捨五入）

yd.894－1－3＝2,683.25ft　　2,683.25ft÷3.281＝818

答 818 m

(6) 額面¥1,095,000の手形を，割引率年2.6％で割り引き，手取金¥1,087,824を受け取った。割引日数は何日ですか。

（1,095,000－1,087,824）÷（1,095,000×0.026÷365）＝92

答 92 日

(7) €1,063.29は米貨でいくらですか。ただし，€１＝¥129.03，$１＝¥89.53とする。（セント未満切り捨て）

€1,063.29×¥129.03÷¥89.53＝$1,532.40

答 $ 1,532.40

(8) 原価に¥52,000の利益を見込んで定価をつけ，定価の２割３分引きで販売したところ，¥5,960の損失になった。この商品の定価はいくらですか。

（¥52,000＋¥5,960）÷0.23＝¥252,000

答 ¥ 252,000

第２問　次の空欄を求めなさい。（18点）　　●印@３点×６＝18点

(1)（円，セント未満四捨五入）

No.	被換算高	換算率	換算高
1	¥ 7,063,000	$１＝¥ 89.47	●$ 78,942.66
2	€ 62,894.51	€１＝¥ 128.56	●¥ 8,085,718

(2)

No.	数量	単価	代価
1	gr. 875－5－11	１個につき $ 17.35	●$ 2,187,331.85
2	● gr. 708－2－9	１ダースにつき¥ 960	¥ 8,158,800

(3)（両端入れ，割引料の円未満切り捨て）

No.	手形金額	割引率	振出日又は引受日	満期日	割引日	割引料	手取金
1	¥ 7,806,000	年 3.7％	２月28日	８月28日	５月23日	●¥ 77,546	¥ 7,728,454
2	●¥ 6,920,000	年 4.1％	８月25日	11月25日	９月14日	¥ 56,744	¥ 6,863,256

主催　公益社団法人　全国経理教育協会　後援　文部科学省

第７回計算実務能力検定模擬試験

試験場校
受験番号
採　点

【禁無断転載】
制限時間50分

２　級

帳 票 計 算

第１問　次の合計残高試算表を完成させなさい。(20点)　●印@２点×10＝20点

合 計 残 高 試 算 表

借方 残高	借方 合計	元丁	勘定科目	貸方 合計	貸方 残高
(● 479,171,123)	623,158,673	1	現金預金	143,987,550	
382,934,664	(● 978,951,331)	2	受取手形	596,016,667	
274,800,393	781,972,332	3	売掛金	(● 507,171,939)	
39,767,807	39,767,807	4	繰越商品		
(● 19,185,038)	(19,185,038)	5	備品		
	(● 266,302,685)	6	支払手形	818,115,143	551,812,458
	447,847,104	7	買掛金	(● 716,854,029)	269,006,925
		8	資本金	233,000,000	233,000,000
		9	繰越利益剰余金	(22,334,539)	(● 22,334,539)
	4,219,450	10	売上	914,390,634	(● 910,171,184)
(● 754,951,515)	790,958,593	11	仕入	36,007,078	
(35,514,566)	35,514,566	12	営業費		
(1,986,325,106)	3,987,877,579			(3,987,877,579)	(● 1,986,325,106)

第２問　伝票を用いて次の計算をしなさい。(20点)　**【別冊伝票算 P.7～P.21】**　@４点×５＝20点

(1) Ａ商品の現金売上合計はいくらですか。　¥ 8,348,416
(2) Ｃ　〃　〃　¥ 15,688,938
(3) Ｄ　〃　〃　¥ 18,886,186
(4) 入金伝票の合計はいくらですか。　¥ 48,566,419
(5) 入金伝票合計と出金伝票合計の差額はいくらですか。　¥ 27,830,989

第３問　次の商品有高帳を完成させなさい。(10点)　●印@１点×10＝10点

商 品 有 高 帳

Ｃ 商 品　(先入先出法)

令和×1年		摘要	受入 数量	受入 単価	受入 金額	払出 数量	払出 単価	払出 金額	残高 数量	残高 単価	残高 金額
9	1	前月繰越	62,384	(32,500)	2,027,480,000				62,384	(32,500)	2,027,480,000
	2	仕入	20,975	36,184	● (758,959,400)				● 62,384	(32,500)	2,027,480,000
									20,975	36,184	(758,959,400)
	6	売上				● 62,384	(32,500)	2,027,480,000			
						(10,425)	36,184	(377,218,200)	10,550	36,184	(381,741,200)
	9	仕入	● 50,296	34,090	1,714,590,640				10,550	36,184	(381,741,200)
									(50,296)	34,090	1,714,590,640
	15	売上				10,550	36,184	(381,741,200)			
						31,864	34,090	(1,086,243,760)	(18,432)	34,090	(628,346,880)
	21	仕入	86,725	● (38,432)	3,333,015,200				● (18,432)	34,090	(628,346,880)
									86,725	(38,432)	3,333,015,200
	27	売上				● (18,432)	34,090	(628,346,880)			
						(29,085)	(38,432)	(1,117,794,720)	57,640	(38,432)	2,215,220,480
	29	売上				(46,765)	(38,432)	(1,797,272,480)	● 10,875	(38,432)	(417,948,000)
	30	次月繰越				10,875	(38,432)	(417,948,000)			
			(220,380)		● (7,834,045,240)	● (220,380)		(7,834,045,240)			

商業計算は裏面に

商 業 計 算

第１問　次の計算をしなさい。(32点)　@４点×８＝32点

(1) １kg¥4,500の商品を780kg仕入れ，仕入諸掛¥90,000を支払った。諸掛込原価の16%増しで定価をつけ，定価の７%引きで販売すると，利益はいくらですか。

¥4,500×780kg＋¥90,000＝¥3,600,000　¥3,600,000×(１＋0.16)×(１－0.07)＝¥3,883,680
¥3,883,680－¥3,600,000＝¥283,680

答 ¥ 283,680

(2) 総量6,900kg，風袋５%，減量は風袋を除いた量の2.5%の商品を，純量１kgにつき¥560で仕入れ，仕入原価の１割８分の利益を見込んで定価をつけた。定価はいくらですか。(¥100未満切り上げ)

6,900kg×(１－0.05)×(１－0.025)＝6,391.125kg (純量)
6,391.125kg×¥560×(１＋0.18)＝¥4,223,255.4

答 ¥ 4,223,300

(3) 元金¥730,000を７月30日から９月28日まで貸し付け，期日に利息¥3,416を受け取った。貸付利率は年何%ですか。(両端入れ)

¥3,416÷(¥730,000×61÷365)＝0.028

答 2.8 %

(4) $8,156.98はユーロでいくらですか。ただし，$１＝¥105.48，€１＝¥167.98とする。(セント未満四捨五入)

$8,156.98×¥105.48÷¥167.98＝€5,122.03

答 € 5,122.03

(5) 仕入原価¥394,240の商品を定価の12%引きで売っても，なお仕入原価の25%の利益を得たい。定価をいくらにすればよいですか。

¥394,240×(１＋0.25)÷(１－0.12)＝¥560,000

答 ¥ 560,000

(6) 仲立人に売り主から3.2%，買い主から3.8%の手数料を支払う約束で商品売買を仲介してもらったところ，売り主の手取金が¥3,368,640であった。買い主の支払総額はいくらですか。

¥3,368,640÷(１－0.032)＝¥3,480,000　¥3,480,000×(１＋0.038)＝¥3,612,240

答 ¥ 3,612,240

(7) ¥2,810,000を年利率3.2%で１年８か月間借り入れた。期日に支払う元利合計はいくらですか。(円未満切り捨て)

¥2,810,000＋(¥2,810,000×0.032×20÷12)＝¥2,959,866

答 ¥ 2,959,866

(8) ある商品に仕入原価の18%の利益を見込んで定価をつけ，定価から¥5,150値引きして販売したところ，仕入原価の14%の利益を得た。この商品の仕入原価はいくらでしたか。

(１＋0.18)－(１＋0.14)＝0.04　5,150÷0.04＝¥128,750

答 ¥ 128,750

第２問　次の空欄を求めなさい。(18点)　●印@３点×６＝18点

(1) (円，セント未満切り上げ)

No.	被換算高	換算率	換算高
1	€ 2,743.09	€１＝¥128.09	●¥ 351,363
2	¥ 8,615,000	$１＝¥92.73	●$ 92,904.14

(2) (セント未満四捨五入)

No.	数量	単価	代価
1	gr. 378－4－9	１ダースにつき $13.65	●$ 61,981.24
2	● gr. 811－5－6	１個につき ¥820	¥ 95,817,000

(3) (両端入れ，割引料の円未満切り捨て)

No.	手形金額	割引率	振出日又は引受日	満期日	割引日	割引料	手取金
1	¥ 4,317,000	年 4.2%	６月30日	９月30日	７月４日	¥ 44,210	●¥ 4,272,790
2	¥ 3,725,000	年 3.6%	７月10日	10月10日	７月30日	●¥ 26,820	¥ 3,698,180

主催　公益社団法人　全国経理教育協会　　後援　文部科学省

第８回計算実務能力検定模擬試験

試験場校
受験番号
採　点

【禁無断転載】
制限時間50分

２　級

帳票計算

第１問　次の合計残高試算表を完成させなさい。（20点）　　●印＠２点×10＝20点

合計残高試算表

借方 残高	借方 合計	元丁	勘定科目	貸方 合計	貸方 残高
373,273,637	● 580,531,005	1	現金預金	207,257,368	
139,719,017	733,695,553	2	受取手形	● 593,976,536	
● 530,282,961	891,441,221	3	売掛金	361,158,260	
● 54,370,544	54,370,544	4	繰越商品		
36,159,303	36,159,303	5	備品		
	279,612,832	6	支払手形	● 703,546,587	423,933,755
	● 317,193,158	7	買掛金	909,363,500	592,170,342
		8	資本金	125,000,000	125,000,000
		9	繰越利益剰余金	● 43,093,756	43,093,756
	2,956,666	10	売上	818,043,435	● 815,086,769
822,980,280	● 858,747,409	11	仕入	35,767,129	
42,498,880	42,498,880	12	営業費		
1,999,284,622	3,797,206,571			3,797,206,571	● 1,999,284,622

第２問　伝票を用いて次の計算をしなさい。（20点）　【別冊伝票算 P.8 ～ P.22】　　＠４点×５＝20点

(1) B商品の現金売上合計はいくらですか。	¥ 5,642,879
(2) C　〃　〃	¥ 15,688,938
(3) D　〃　〃	¥ 18,886,186
(4) 入金伝票の合計はいくらですか。	¥ 48,566,419
(5) 入金伝票合計と出金伝票合計の差額はいくらですか。	¥ 23,485,256

第３問　次の商品有高帳を完成させなさい。（10点）　　●印＠１点×10＝10点

B　商品　　　商品有高帳　　　（先入先出法）

令和×1年		摘要	受入 数量	受入 単価	受入 金額	払出 数量	払出 単価	払出 金額	残高 数量	残高 単価	残高 金額
12	1	前月繰越	54,600	75,000	4,095,000,000				54,600	75,000	4,095,000,000
	3	仕入	43,180	● 78,480	3,388,766,400				54,600	75,000	4,095,000,000
									43,180	78,480	3,388,766,400
	6	売上				38,250	75,000	2,868,750,000	● 16,350	75,000	1,226,250,000
									43,180	78,480	3,388,766,400
	10	売上				● 16,350	75,000	1,226,250,000			
						24,530	78,480	1,925,114,400	18,650	78,480	1,463,652,000
	13	仕入	● 62,540	77,230	4,829,964,200				18,650	78,480	1,463,652,000
									● 62,540	77,230	4,829,964,200
	17	売上				● 18,650	78,480	1,463,652,000			
						32,670	77,230	2,523,104,100	29,870	77,230	2,306,860,100
	21	仕入	49,830	80,256	● 3,999,156,480				29,870	77,230	2,306,860,100
									● 49,830	80,256	3,999,156,480
	27	売上				29,870	77,230	2,306,860,100	49,830	80,256	3,999,156,480
	31	次月繰越				49,830	80,256	3,999,156,480			
			● 210,150		16,312,887,080	210,150		● 16,312,887,080			

商業計算は裏面に

商業計算

＠４点×８＝32点

第１問　次の計算をしなさい。（32点）

(1)　額面¥1,620,000，満期日１月21日の手形を10月19日に割引率年2.9％で割り引いた。手取金はいくらですか。
（両端入れ，割引料の円未満切り捨て）

¥1,620,000×0.029×95÷365＝¥12,227　　¥1,620,000－¥12,227＝¥1,607,773

答　¥　1,607,773

(2)　1kgにつき¥5,690の商品を販売するとき，値段で10％引きするのと，数量で10％増量するのとでは，1kgあたりで比較すると，売り手にとって，どちらが，いくら有利ですか。（円未満切り捨て）

値引：¥5,690×（1－0.1）＝¥5,121　　増量：¥5,690÷（1＋0.1）＝¥5,172
¥5,172－¥5,121＝¥51

答　値引の方が ¥ ／ 増量の方が ¥　51　有利

(3)　¥1,730,000を年利率2.9％で，１年10か月間貸し付けた。期日に受け取る元利合計はいくらですか。（円未満切り上げ）

¥1,730,000＋（¥1,730,000×0.029×22÷12）＝¥1,821,979

答　¥　1,821,979

(4)　€2,150.84は米貨でいくらですか。ただし，€1＝¥132.86，$1＝¥91.39とする。（セント未満四捨五入）

€2,150.84×¥132.86÷¥91.39＝$3,126.83

答　$　3,126.83

(5)　¥7,560,000を年利率2.8％で借り入れ，期日に元利合計¥8,036,280を支払った。借入期間は何年何か月ですか。

（¥8,036,280－¥7,560,000）÷（¥7,560,000×0.028÷12）＝27

答　2　年　3　か月

(6)　原価に¥65,000の利益を見込んで定価をつけ，定価の２割３分引きで販売したところ，¥165,000の損失となった。この商品の原価はいくらですか。

（¥65,000＋¥165,000）÷0.23＝¥1,000,000　　¥1,000,000－¥65,000＝¥935,000

答　¥　935,000

(7)　仲立人が売り主から3.5％，買い主から3.7％の手数料を受け取る約束で，商品売買の仲介をした。仲立人の受け取った手数料合計が¥336,960とすると，売り主の手取金はいくらですか。

¥336,960÷（0.035＋0.037）＝¥4,680,000×（1－0.035）＝¥4,516,200

答　¥　4,516,200

(8)　買付の委託を受けた商品を¥480,000で買入れ，諸掛¥12,000を立替えた。手数料を諸掛込原価の６％とすると，委託主への請求額はいくらですか。

（¥480,000＋¥12,000）×（1＋0.06）＝¥521,520

答　¥　521,520

第２問　次の空欄を求めなさい。（18点）　　●印＠３点×６＝18点

(1)　（円，セント未満四捨五入）

No.	被換算高	換算率	換算高
1	¥ 5,327,000	$1＝¥ 89.62	● $ 59,439.86
2	€ 9,480.16	€1＝¥ 113.59	● ¥ 1,076,851

(2)

No.	数量	単価	代価
1	gr. 741－8－3	1個につき $ 5.92	● $ 632,273.76
2	● gr. 901－5－9	1ダースにつき ¥ 840	¥ 9,086,910

(3)　（両端入れ，割引料の円未満切り捨て）

No.	手形金額	割引率	振出日又は引受日	満期日	割引日	割引料	手取金
1	¥ 3,850,000	年 4.2％	8月31日	11月30日	9月7日	¥ 37,656	● ¥ 3,812,344
2	● ¥ 9,360,000	年 3.8％	11月5日	2月5日	11月25日	¥ 71,136	¥ 9,288,864

主催　公益社団法人　全国経理教育協会　　後援　文部科学省

第 9 回計算実務能力検定模擬試験

試験場校
受験番号
採　点

【禁無断転載】
制限時間50分

2　級

帳 票 計 算

第 1 問　次の合計残高試算表を完成させなさい。（20点）　　●印@ 2 点×10＝20点

合 計 残 高 試 算 表

借方 残高	借方 合計	元丁	勘定科目	貸方 合計	貸方 残高
371,790,197	538,868,710	1	現金預金	● 167,078,513	
308,983,812	● 661,142,565	2	受取手形	352,158,753	
● 311,822,746	816,538,084	3	売掛金	504,715,338	
41,570,347	41,570,347	4	繰越商品		
● 11,122,835	11,122,835	5	備品		
	257,319,416	6	支払手形	653,365,213	● 396,045,797
	405,744,425	7	買掛金	● 728,412,862	322,668,437
		8	資本金	243,900,000	243,900,000
		9	繰越利益剰余金	● 39,176,835	39,176,835
	28,392,288	10	売上	859,385,813	● 830,993,525
729,542,109	● 791,129,352	11	仕入	61,587,243	
57,952,548	57,952,548	12	営業費		
1,832,784,594	● 3,609,780,570			3,609,780,570	1,832,784,594

第 2 問　伝票を用いて次の計算をしなさい。（20点）　**【別冊伝票算 P.9 ～ P.23】**　　@ 4 点× 5 ＝20点

(1)　A 商品の現金売上合計はいくらですか。　¥ 8,385,387

(2)　C　〃　〃　¥ 15,729,640

(3)　D　〃　〃　¥ 16,663,470

(4)　入金伝票の合計はいくらですか。　¥ 46,419,172

(5)　入金伝票合計と出金伝票合計の差額はいくらですか。　¥ 21,338,009

第 3 問　次の商品有高帳を完成させなさい。（10点）　　●印@ 1 点×10＝10点

A 商品　　　商 品 有 高 帳　　　（先入先出法）

令和×1年		摘要	受入 数量	受入 単価	受入 金額	払出 数量	払出 単価	払出 金額	残高 数量	残高 単価	残高 金額
9	1	前月繰越	32,875	49,120	1,614,820,000				32,875	49,120	1,614,820,000
	5	仕入	● 19,046	46,475	885,162,850				32,875	49,120	1,614,820,000
									19,046	46,475	885,162,850
	6	売上				● 32,875	49,120	1,614,820,000			
						7,125	46,475	331,134,375	11,921	46,475	554,028,475
	8	仕入	41,780	● 48,580	2,029,672,400				● 11,921	46,475	554,028,475
									41,780	48,580	2,029,672,400
	13	売上				● 11,921	46,475	554,028,475			
						20,890	48,580	1,014,836,200	20,890	48,580	1,014,836,200
	16	仕入	● 26,594	47,308	1,258,108,952				● 20,890	48,580	1,014,836,200
									26,594	47,308	1,258,108,952
	21	売上				20,890	48,580	1,014,836,200			
						8,865	47,308	419,385,420	17,729	47,308	838,723,532
	28	売上				13,354	47,308	631,751,032	● 4,375	47,308	206,972,500
	30	次月繰越				4,375	47,308	206,972,500			
			● 120,295		5,787,764,202	120,295		● 5,787,764,202			

商 業 計 算 は 裏 面 に

商 業 計 算

@ 4 点× 8 ＝32点

第 1 問　次の計算をしなさい。（32点）

(1)　¥1,830,000 を年利率2.8%で 5 月30日から 9 月 8 日まで借り入れた。期日に支払う元利合計はいくらですか。（片落し，円未満四捨五入）

¥1,830,000＋(¥1,830,000×0.028×101÷365)＝¥1,844,179

答　¥　1,844,179

(2)　ある商品に28%の利益を見込んで定価をつけ，定価から¥69,600 値引きして販売したところ，仕入原価の12%の利益を得た。仕入原価はいくらですか。

(1＋0.28)－(1＋0.12)＝0.16　　¥69,600÷0.16＝¥435,000

答　¥　435,000

(3)　yd.248－1－6 は何メートルですか。ただし，1 yd.＝0.9144m とする。（メートル未満切り捨て）

yd.248－1－6＝248.5yd.　　248.5yd.×0.9144＝227m

答　227　m

(4)　仲立人が売り主から2.9%，買い主から3.2%の手数料を受け取る約束で，商品売買の仲介をした。買い主の支払額が¥4,705,920 のとき仲立人の受け取る手数料合計はいくらですか。

¥4,705,920÷(1＋0.032)＝¥4,560,000　　¥4,560,000×(0.029＋0.032)＝¥278,160

答　¥　278,160

(5)　手形を振り出し，これを割り引いて手取金¥659,000 を得たい。割引日数73日，割引率を年利率2.8%とすると，手形金額をいくらにすればよいですか。（手形金額の¥100 未満切り上げ）

¥659,000÷(1－0.028×73÷365)≒¥662,711

答　¥　662,800

(6)　1 ダース€68.40 の商品を1,800個販売するため，22%の利益を見込んで定価をつけた。定価はいくらですか。ただし，€1＝¥113.32 とする。（円未満切り上げ）

€68.40÷12×1,800×(1＋0.22)＝€12,517.20　　€12,517.20×¥113.32＝¥1,418,450

答　¥　1,418,450

(7)　総量5,700kg，風袋 4 %，減量は風袋を除いた量の1.2%の商品を，純量 1 kg につき¥840 で仕入れ，仕入原価の 2 割 1 分の利益を見込んで定価をつけた。定価はいくらですか。（¥1,000 未満切り捨て）

5,700kg×(1－0.04)×(1－0.012)＝5,406.336kg（純量）

5,406.336kg×840×(1＋0.21)＝¥5,494,999

答　¥　5,494,000

(8)　買付の委託を受けた商品を¥820,000 で買い入れ，諸掛¥16,400 を立替えた。手数料を諸掛込原価の 4 %とすると，委託主への請求額はいくらですか。

(¥820,000＋¥16,400)×(1＋0.04)＝¥869,856

答　¥　869,856

第 2 問　次の空欄を求めなさい。（18点）　　●印@ 3 点× 6 ＝18点

(1)　（円，セント未満切り上げ）

No.	被換算高	換算率	換算高
1	€ 1,990.58	€1＝¥113.42	●¥ 225,772
2	¥ 9,823,740	$1＝¥84.67	●$ 116,023.86

(2)　（セント未満四捨五入）

No.	数量	単価	代価
1	gr. 972－1－6	1 ダースにつき $ 30.42	●$ 354,864.51
2	● gr. 790－8－3	1 個につき ¥ 840	¥ 93,641,560

(3)　（両端入れ，割引料の円未満切り捨て）

No.	手形金額	割引率	振出日又は引受日	満期日	割引日	割引料	手取金
1	¥ 7,396,000	年 4.1%	4 月30日	7 月30日	5 月14日	●¥ 64,801	¥ 7,331,199
2	¥ 4,850,000	年 3.9%	7 月25日	10月25日	8 月14日	¥ 37,830	●¥ 4,812,170

主催　公益社団法人　全国経理教育協会　　後援　文部科学省

第10回計算実務能力検定模擬試験

試験場校
受験番号
採　点

【禁無断転載】
制限時間50分

2　級

帳 票 計 算

第1問　次の合計残高試算表を完成させなさい。(20点)　　●印@2点×10＝20点

合 計 残 高 試 算 表

借方 残高	借方 合計	元丁	勘定科目	貸方 合計	貸方 残高
211,641,891	(● 433,886,721)	1	現金預金	222,244,830	
(● 260,612,881)	547,037,588	2	受取手形	286,424,707	
319,161,125	788,337,378	3	売掛金	(● 469,176,253)	
(17,484,124)	(● 17,484,124)	4	繰越商品		
29,317,157	29,317,157	5	備品		
	264,697,682	6	支払手形	(● 722,386,347)	457,688,665
	513,254,847	7	買掛金	645,141,923	(● 131,887,076)
		8	資本金	125,100,000	125,100,000
		9	繰越利益剰余金	(● 57,343,755)	(57,343,755)
	21,415,514	10	売上	835,326,515	(● 813,911,001)
665,472,541	(● 706,186,728)	11	仕入	40,714,187	
(82,240,778)	82,240,778	12	営業費		
(● 1,585,930,497)	3,403,858,517			(3,403,858,517)	(1,585,930,497)

第2問　伝票を用いて次の計算をしなさい。(20点)　**【別冊伝票算 P.10～P.24】**　　@4点×5＝20点

(1) B商品の現金売上合計はいくらですか。　¥ 5,640,675
(2) C　〃　〃　¥ 15,729,640
(3) D　〃　〃　¥ 16,663,470
(4) 入金伝票の合計はいくらですか。　¥ 46,419,172
(5) 入金伝票合計と出金伝票合計の差額はいくらですか。　¥ 19,558,411

第3問　次の商品有高帳を完成させなさい。(10点)　　●印@1点×10＝10点

商 品 有 高 帳

C 商品　　(先入先出法)

令和×1年 月	日	摘要	受入 数量	受入 単価	受入 金額	払出 数量	払出 単価	払出 金額	残高 数量	残高 単価	残高 金額
12	1	前月繰越	45,312	(60,750)	2,752,704,000				45,312	(60,750)	2,752,704,000
	2	仕入	38,096	64,215	● 2,446,334,640				45,312	(60,750)	2,752,704,000
									38,096	64,215	(2,446,334,640)
	5	売上				31,012	(60,750)	(1,883,979,000)	● 14,300	(60,750)	(868,725,000)
									38,096	64,215	(2,446,334,640)
	12	売上				● 14,300	(60,750)	(868,725,000)			
						25,046	64,215	(1,608,328,890)	13,050	64,215	(838,005,750)
	15	仕入	40,670	● 62,820	2,554,889,400				● 13,050	64,215	(838,005,750)
									40,670	(62,820)	2,554,889,400
	19	売上				● 13,050	64,215	(838,005,750)			
						20,480	(62,820)	1,286,553,600	(20,190)	(62,820)	(1,268,335,800)
	22	仕入	● 57,250	63,482	3,634,344,500				● (20,190)	(62,820)	(1,268,335,800)
									(57,250)	63,482	3,634,344,500
	28	売上				(20,190)	(62,820)	(1,268,335,800)	57,250	63,482	3,634,344,500
	31	次月繰越				57,250	63,482	3,634,344,500			
			(181,328)		● (11,388,272,540)	● 181,328		(11,388,272,540)			

商業計算は裏面に

商 業 計 算

第1問　次の計算をしなさい。(32点)　　@4点×8＝32点

(1) 総量5,620kg，風袋4％，減量は風袋を除いた量の1.5％の商品を，純量1kgにつき¥325で仕入れ，仕入原価の25％の利益を見込んで定価をつけた。定価はいくらですか。(円未満切り捨て)

5,620kg×(1－0.04)×(1－0.015)＝5,314.272kg (純量)
5,314.272kg×325×(1＋0.25)＝¥2,158,923

答 ¥ 2,158,923

(2) ¥845,000を9月26日に借り入れ，12月7日に元利合計¥848,718を支払った。借入利率は年利率何％ですか。(両端入れ)

(¥848,718－¥845,000)÷(¥845,000×73÷365)＝0.022

答 2.2 ％

(3) 1kgにつき¥53,000の商品を6％増量して売るのと，5％値引きして売るのとでは，売手にとって1kgあたり，どちらが，いくら有利ですか。

値引：¥53,000×(1－0.05)＝¥50,350　　増量：¥53,000÷(1＋0.06)＝¥50,000
¥50,350－¥50,000＝¥350

答 増量の方が ¥ ／ 値引の方が ¥ 350 有利

(4) 仲立人が，売り主から3.8％，買い主から4.2％の手数料を受け取る約束で，商品売買の仲介をした。仲立人の受け取る手数料合計が¥372,000とすると，買い主の支払総額はいくらですか。

¥372,000÷(0.038＋0.042)＝¥4,650,000　　¥4,650,000×(1＋0.042)＝¥4,845,300

答 ¥ 4,845,300

(5) $4,965.30はユーロでいくらですか。ただし，$1＝¥89.81，€1＝¥134.68 (セント未満四捨五入)

$4,965.30×¥89.81÷¥134.68＝€3,311.06

答 € 3,311.06

(6) 額面¥7,300,000の手形を，割引率2.8％で割り引いて，手取金¥7,246,800を得た。満期日を12月24日とすると，割引日は何月何日ですか。(両端入れ)

(¥7,300,000－¥7,246,800)÷(¥7,300,000×0.028÷365)＝95

答 9 月 21 日

(7) ¥1,730,000を年利率3.2％で1年8か月間貸し付けた。期日に受け取る元利合計はいくらですか。(円未満四捨五入)

¥1,730,000＋(¥1,730,000×0.032×20÷12)＝¥1,822,267

答 ¥ 1,822,267

(8) 仕入原価¥687,000の商品を定価の8掛で売っても，なお原価の1割6分の利益を得たい。定価をいくらにすればよいですか。

¥687,000×(1＋0.16)÷0.8＝¥996,150

答 ¥ 996,150

第2問　次の空欄を求めなさい。(18点)　　●印@3点×6＝18点

(1) (円，セント未満四捨五入)

No.	被換算高	換算率	換算高
1	¥ 6,875,000	$1＝¥91.95	● $ 74,768.90
2	€ 1,240.96	€1＝¥115.20	● ¥ 142,959

(2)

No.	数量	単価	代価
1	gr. 953－2－11	1個につき $ 5.29	● $ 726,142.43
2	● gr. 710－9－3	1ダースにつき ¥ 480	¥ 4,094,040

(3) (両端入れ，割引料の円未満切り捨て)

No.	手形金額	割引率	振出日又は引受日	満期日	割引日	割引料	手取金
1	¥ 5,680,000	年 5.2％	10月25日	1月25日	11月9日	¥ 63,118	● ¥ 5,616,882
2	● ¥ 2,190,000	年 4.3％	6月16日	9月16日	7月6日	¥ 18,834	¥ 2,171,166

主催　公益社団法人　全国経理教育協会　　後援　文部科学省

第11回計算実務能力検定模擬試験

【禁無断転載】
制限時間50分

2　級

試験場校
受験番号
採　点

帳　票　計　算

第1問　次の合計残高試算表を完成させなさい。(20点)　●印@2点×10＝20点

合　計　残　高　試　算　表

借方 残高	借方 合計	元丁	勘定科目	貸方 合計	貸方 残高
(● 169,370,267)	328,537,151	1	現金預金	159,166,884	
270,835,939	704,246,535	2	受取手形	(● 433,410,596)	
250,504,378	(● 816,541,510)	3	売掛金	566,037,132	
21,288,616	21,288,616	4	繰越商品		
(16,541,334)	(● 16,541,334)	5	建物		
	387,771,476	6	支払手形	715,159,384	(● 327,387,908)
	614,433,555	7	買掛金	(● 726,611,050)	112,177,495
		8	資本金	220,500,000	(220,500,000)
		9	繰越利益剰余金	(47,893,487)	(● 47,893,487)
	(● 46,160,493)	10	売上	864,437,157	818,276,664
(● 756,118,799)	791,379,561	11	仕入	35,260,762	
41,576,221	41,576,221	12	営業費		
(1,526,235,554)	(3,768,476,452)			(● 3,768,476,452)	1,526,235,554

第2問　伝票を用いて次の計算をしなさい。(20点)　**【別冊伝票算 P.11～P.25】**　@4点×5＝20点

(1) A商品の現金売上合計はいくらですか。　¥ 8,381,134
(2) B　〃　〃　¥ 5,681,429
(3) C　〃　〃　¥ 10,503,201
(4) 入金伝票の合計はいくらですか。　¥ 41,503,552
(5) 入金伝票合計と出金伝票合計の差額はいくらですか。　¥ 14,642,791

第3問　次の商品有高帳を完成させなさい。(10点)　●印@1点×10＝10点

A　商品　　　　商　品　有　高　帳　　　(移動平均法)

令和×1年		摘要	受入 数量	受入 単価	受入 金額	払出 数量	払出 単価	払出 金額	残高 数量	残高 単価	残高 金額
9	1	前月繰越	21,600	3,600	(● 77,760,000)				21,600	3,600	(77,760,000)
	4	仕入	38,400	(● 3,500)	134,400,000				60,000	(● 3,536)	(212,160,000)
	6	売上				28,800	(3,536)	(● 101,836,800)	31,200	(3,536)	(110,323,200)
	12	仕入	(31,200)	3,400	106,080,000				(62,400)	(● 3,468)	(216,403,200)
	15	売上				43,200	(3,468)	(● 149,817,600)	19,200	(3,468)	(66,585,600)
	20	仕入	28,800	(● 3,938)	113,414,400				48,000	(● 3,750)	(180,000,000)
	27	売上				33,600	(3,750)	(● 126,000,000)	14,400	(3,750)	(● 54,000,000)
	30	次月繰越				14,400	(3,750)	(54,000,000)			
			(120,000)		(431,654,400)	(120,000)		(431,654,400)			

商業計算は裏面に

商　業　計　算

第1問　次の計算をしなさい。(32点)　@4点×8＝32点

(1) 原価¥825,000の商品を定価の5%引きで売っても，なお，原価の14%利益を得たい。定価をいくらにすればよいですか。
¥825,000×(1＋0.14)÷(1－0.05)＝¥990,000
答 ¥ 990,000

(2) 年利率2.4%で1年9か月間借り入れ，期日に元利合計¥395,960を支払った。元金はいくらでしたか。
¥395,960÷(1＋0.024×21÷12)＝¥380,000
答 ¥ 380,000

(3) €8,109.63は米貨でいくらですか。ただし，€1＝¥142.35　$1＝¥105.31とする。(セント未満四捨五入)
€8,109.63×¥142.35÷¥105.31＝10,961.98
答 $ 10,961.98

(4) 手形を振り出し，これを割引いて手取金¥486,000を得たい。割引日数30日，割引率を年3.9%とすると，手形金額をいくらにすればよいですか。(手形金額の¥100未満切り上げ)
¥486,000÷(1－0.039×30÷365)≒¥487,600
答 ¥ 487,600

(5) 買付の委託を受けた商品を¥640,000で買い入れ，諸掛¥15,360を立替えた。手数料を諸掛込原価の5%とすると，委託主への請求額はいくらですか。
(¥640,000＋¥15,360)×(1＋0.05)＝¥688,128
答 ¥ 688,128

(6) 仲立人が売り主から3.8%，買い主から4.2%の手数料を受け取る約束で商品売買の仲介をした。買い主の支払額が¥5,053,700とすると，売り主の手取金はいくらですか。
¥5,053,700÷(1＋0.042)×(1－0.038)＝¥4,665,700
答 ¥ 4,665,700

(7) ¥1,825,000を年利率2.8%で貸し付け，期日に元利合計¥1,837,040を受け取った。貸付期間は何日間ですか。
(¥1,837,040－¥1,825,000)÷(¥1,825,000×0.028÷365)＝86
答 86 日

(8) 原価に2割2分の利益を見込んで定価をつけ，定価の5分引きで販売した商品の利益額が¥104,463であった。この商品の原価はいくらですか。
(1＋0.22)×(1－0.05)－1＝0.159 (利益率)　¥104,463÷0.159＝¥657,000
答 ¥ 657,000

第2問　次の空欄を求めなさい。(18点)　●印@3点×6＝18点

(1) (円，セント未満切り上げ)

No.	被換算高	換算率	換算高
1	€ 76,834.51	€1＝¥121.95	●¥ 9,369,969
2	¥ 8,420,900	$1＝¥84.08	●$ 100,153.43

(2) (セント未満四捨五入)

No.	数量	単価	代価
1	gr. 268－5－3	1ダースにつき $74.13	●$ 238,791.26
2	● gr. 809－4－6	1個につき ¥650	¥ 75,757,500

(3) (両端入れ，割引料の円未満切り捨て)

No.	手形金額	割引率	振出日又は引受日	満期日	割引日	割引料	手取金
1	¥ 5,483,000	年4.9%	3月25日	6月25日	4月10日	¥ 56,677	●¥ 5,426,323
2	●¥ 2,940,000	年4.2%	5月31日	8月31日	6月20日	¥ 24,696	¥ 2,915,304

主催　公益社団法人　全国経理教育協会　　後援　文部科学省

第12回計算実務能力検定模擬試験

試験場校
受験番号
採　点

【禁無断転載】
制限時間50分

2　級

帳 票 計 算

第1問　次の合計残高試算表を完成させなさい。(20点)　●印@２点×10＝20点

合 計 残 高 試 算 表

借方 残高	借方 合計	元丁	勘定科目	貸方 合計	貸方 残高
228,630,873	367,044,256	1	現金預金	● 138,413,383	
162,965,629	(617,140,883)	2	受取手形	454,175,254	
● 145,062,660	801,307,418	3	売掛金	656,244,758	
(14,843,958)	● 14,843,958	4	繰越商品		
21,213,376	21,213,376	5	備品		
	332,358,435	6	支払手形	● 603,193,940	270,835,505
	● 666,958,843	7	買掛金	734,331,387	67,372,544
		8	資本金	254,700,000	254,700,000
		9	繰越利益剰余金	(37,240,825)	● 37,240,825
	48,871,735	10	売上	871,588,941	● 822,717,206
845,805,338	● 875,371,324	11	仕入	29,565,986	
● 34,344,246	34,344,246	12	営業費		
(1,452,866,080)	3,779,454,474			(3,779,454,474)	● 1,452,866,080

第2問　伝票を用いて次の計算をしなさい。(20点)　【別冊伝票算 P.12～P.26】　@４点×５＝20点

(1) B商品の現金売上合計はいくらですか。	¥	5,681,429
(2) C　〃　〃	¥	10,503,201
(3) D　〃　〃	¥	16,937,788
(4) 入金伝票の合計はいくらですか。	¥	41,503,552
(5) 入金伝票合計と出金伝票合計の差額はいくらですか。	¥	22,328,205

第3問　次の商品有高帳を完成させなさい。(10点)　●印@１点×10＝10点

商 品 有 高 帳

甲 商 品　　(先入先出法)

令和×1年		摘要	受入 数量	受入 単価	受入 金額	払出 数量	払出 単価	払出 金額	残高 数量	残高 単価	残高 金額
12	1	前月繰越	(61,200)	33,000	2,019,600,000				(61,200)	33,000	2,019,600,000
	4	仕入	38,750	● 31,872	1,235,040,000				(61,200)	33,000	2,019,600,000
									38,750	(31,872)	1,235,040,000
	8	売上				(49,600)	33,000	1,636,800,000	● (11,600)	33,000	382,800,000
									38,750	(31,872)	1,235,040,000
	12	売上				● (11,600)	33,000	382,800,000			
						23,250	(31,872)	741,024,000	15,500	(31,872)	494,016,000
	14	仕入	45,800	29,720	● 1,361,176,000				● 15,500	(31,872)	494,016,000
									45,800	29,720	(1,361,176,000)
	19	売上				● 15,500	(31,872)	494,016,000			
						27,300	29,720	(811,356,000)	18,500	29,720	(549,820,000)
	25	仕入	52,640	● 32,504	1,711,010,560				● 18,500	29,720	(549,820,000)
									52,640	(32,504)	1,711,010,560
	28	売上				18,500	29,720	(549,820,000)	52,640	(32,504)	1,711,010,560
	31	次月繰越				52,640	(32,504)	1,711,010,560			
			● 198,390		(6,326,826,560)	(198,390)		● 6,326,826,560			

商業計算は裏面に

商 業 計 算

@４点×８＝32点

第1問　次の計算をしなさい。(32点)

(1) 額面¥5,830,000，満期日２月６日の手形を11月20日に割引率3.4％で割り引いた。手取金はいくらですか。(両端入れ，割引料の円未満切り捨て)

¥5,830,000×0.034×79÷365＝¥42,902　　¥5,830,000－¥42,902＝¥5,787,098

答　¥　5,787,098

(2) 原価¥5,610,000の商品を仕入れ，仕入諸掛¥112,200を支払った。この商品を¥7,038,306で販売すると，利益率は諸掛込原価の何割何分ですか。

¥7,038,306÷(¥5,610,000＋¥112,200)－１＝0.23

答　２　割　３　分

(3) 総量5,700kg，風袋2.5％，減量は風袋を除いた量の1.4％の商品を，純量10kgにつき¥4,800で仕入れ，仕入原価の22％の利益を見込んで定価をつけた。定価はいくらですか。(円未満四捨五入)

5,700kg×(１－0.025)×(１－0.014)＝5,479.695kg（純量）

5,479.695kg÷10×¥4,800×(１＋0.22)＝¥3,208,909

答　¥　3,208,909

(4) 仲立人が売り主から3.6％，買い主から4.2％の手数料を受け取る約束で商品売買の仲介をした。売り主の手取金が¥6,603,400のとき，仲立人の受け取る手数料合計はいくらですか。

¥6,603,400÷(１－0.036)＝¥6,850,000（売買価額）

¥6,850,000×(0.036＋0.042)＝¥534,300

答　¥　534,300

(5) $3,760.25はユーロでいくらですか。ただし，$１＝¥84.21　€１＝¥113.21とする。(セント未満切り捨て)

$3,760.25×¥84.21÷€113.21＝€2,797.02

答　€　2,797.02

(6) 原価に¥105,000の利益を見込んで定価をつけ，定価の１割８分引きで販売したところ¥18,600の利益が生じた。この商品の原価はいくらですか。

(¥105,000－¥18,600)÷0.18＝¥480,000　　¥480,000－¥105,000＝¥375,000

答　¥　375,000

(7) 元金¥365,000を11月24日から，翌年の２月９日まで貸し付け，期日に元利合計¥367,652を受け取った。貸付利率は何％ですか。(平年，両端入れ)

(¥367,652－¥365,000)÷(¥365,000×78÷365)＝0.034

答　3.4　％

(8) 額面¥2,850,000の手形を，割引率3.1％で割り引き，手取金¥2,814,660を受け取った。割引日数は何日間ですか。

(¥2,850,000－¥2,814,660)÷(¥2,850,000×0.031÷365)＝146

答　146　日

第2問　次の空欄を求めなさい。(18点)　●印@３点×６＝18点

(1) (円，セント未満切り捨て)

No.	被換算高	換算率	換算高
1	¥ 9,316,800	$１＝¥ 87.09	●$ 106,978.98
2	€ 2,576.49	€１＝¥ 126.93	●¥ 327,033

(2)

No.	数量	単価	代価
1	gr. 896－4－11	１個につき　$ 5.37	●$ 693,175.71
2	● gr. 710－5－3	１ダースにつき¥ 480	¥ 4,092,120

(3) (両端入れ，割引料の円未満切り捨て)

No.	手形金額	割引率	振出日又は受入日	満期日	割引日	割引料	手取金
1	¥ 4,527,000	年 5.1％	９月５日	12月５日	９月12日	●¥ 53,765	¥ 4,473,235
2	¥ 1,825,000	年 7.3％	４月10日	７月10日	５月12日	¥ 21,900	●¥ 1,803,100

主催　公益社団法人　全国経理教育協会　　後援　文部科学省

第13回計算実務能力検定模擬試験

試験場校
受験番号
採　点

【禁無断転載】
制限時間50分

2　級

帳票計算

第1問　次の合計残高試算表を完成させなさい。（20点）　　●印@2点×10＝20点

合計残高試算表

借方 残高	借方 合計	元丁	勘定科目	貸方 合計	貸方 残高
(● 185,607,709)	340,461,585	1	現金預金	154,853,876	
246,964,271	524,357,462	2	受取手形	(● 277,393,191)	
173,748,097	(● 751,132,548)	3	売掛金	577,384,451	
60,431,338	60,431,338	4	繰越商品		
(● 14,673,860)	(14,673,860)	5	備品		
	441,741,344	6	支払手形	642,566,325	(● 200,824,981)
	(● 633,566,293)	7	買掛金	774,445,788	140,879,495
		8	資本金	264,600,000	264,600,000
		9	繰越利益剰余金	(● 51,073,372)	(51,073,372)
	42,065,032	10	売上	888,589,391	(● 846,524,359)
803,525,728	841,933,950	11	仕入	(● 38,408,222)	
(18,951,204)	18,951,204	12	営業費		
(● 1,503,902,207)	(3,669,314,616)			3,669,314,616	(1,503,902,207)

第2問　伝票を用いて次の計算をしなさい。（20点）【別冊伝票算 P.13～P.27】　　@4点×5＝20点

(1)　A商品の現金売上合計はいくらですか。	¥ 8,381,134
(2)　B　〃　〃	¥ 5,681,429
(3)　D　〃　〃	¥ 16,937,788
(4)　入金伝票の合計はいくらですか。	¥ 41,503,552
(5)　入金伝票合計と出金伝票合計の差額はいくらですか。	¥ 22,392,612

第3問　次の商品有高帳を完成させなさい。（10点）　　●印@1点×10＝10点

A　商品　　　　商品有高帳　　　　（先入先出法）

令和×1年 月	日	摘要	受入 数量	受入 単価	受入 金額	払出 数量	払出 単価	払出 金額	残高 数量	残高 単価	残高 金額
9	1	前月繰越	36,100	●(42,272)	1,526,019,200				36,100	(42,272)	1,526,019,200
	3	仕入	79,280	41,096	●(3,258,090,880)				36,100	(42,272)	1,526,019,200
									79,280	41,096	(3,258,090,880)
	7	売上				●36,100	(42,272)	1,526,019,200			
						14,900	41,096	(612,330,400)	(64,380)	41,096	2,643,760,480
	10	仕入	58,700	●(39,688)	2,329,683,600				●(64,380)	41,096	2,643,760,480
									58,700	(39,688)	2,329,683,600
	14	売上				(45,670)	41,096	1,876,854,320	●18,710	41,096	(768,906,160)
									58,700	(39,688)	2,329,683,600
	18	売上				●18,710	41,096	(768,906,160)			
						42,380	(39,688)	1,681,977,440	16,320	(39,688)	(647,708,160)
	21	仕入	(67,540)	42,768	2,888,550,720				●16,320	(39,688)	(647,708,160)
									(67,540)	42,768	2,888,550,720
	27	売上				16,320	(39,688)	647,708,160	(67,540)	42,768	2,888,550,720
	30	次月繰越				(67,540)	42,768	2,888,550,720			
			●(241,620)		(10,002,346,400)	(241,620)		●(10,002,346,400)			

商業計算は裏面に

商業計算

第1問　次の計算をしなさい。（32点）　　@4点×8＝32点

(1)　1kg¥6,500の商品を720kg仕入れ，仕入諸掛¥65,000を支払った。諸掛込原価の24%増しで定価をつけ，定価の12%引きで販売すると，利益はいくらですか。

(¥6,500×720＋¥65,000)×{(1＋0.24)×(1－0.12)－1}＝¥432,744

答　¥　432,744

(2)　¥5,360,000を年利率2.8%で借り入れ，期日に元利合計¥6,072,880を支払った。借入期間は何年何か月ですか。

(¥6,072,880－¥5,360,000)÷(¥5,360,000×0.028)＝4.75

答　4　年　9　か月

(3)　€1,924.07は米貨でいくらですか。ただし，€1＝¥164.31，$1＝¥110.34とする。（セント未満四捨五入）

€1,924.07×¥164.31÷¥110.34＝2,865.18

答　$　2,865.18

(4)　買付の委託を受けた商品を¥980,000で買入れ，諸掛¥73,500を立替えた。手数料を諸掛込原価の5%とすると，委託主への請求額はいくらですか。

(¥980,000＋¥73,500)×(1＋0.05)＝¥1,106,175

答　¥　1,106,175

(5)　ある商品に仕入原価の2割9分の利益を見込んで定価をつけ，定価から¥133,840値引きして販売したところ仕入原価の1割5分の利益を得た。仕入原価はいくらでしたか。

¥133,840÷(0.29－0.15)＝¥956,000

答　¥　956,000

(6)　¥2,430,000を年利率2.8%で6月14日から9月5日まで借り入れた。期日に支払う元利合計はいくらですか。（片落し，円未満四捨五入）

¥2,430,000＋(¥2,430,000×0.028×83÷365)＝¥2,445,472

答　¥　2,445,472

(7)　仲立人に売り主から3.8%，買い主から4.2%の手数料を支払う約束で商品売買を仲介してもらったところ，売り主の手取金が¥2,578,160であった。買い主の支払総額はいくらですか。

¥2,578,160÷(1－0.038)＝¥2,680,000　　¥2,680,000×(1＋0.042)＝¥2,792,560

答　¥　2,792,560

(8)　手形を振り出し，これを割り引いて手取金¥817,000を得たい。割引日数73日，割引率を年3.2%とすると，手形金額をいくらにすればよいですか。（手形金額の¥100未満切り上げ）

¥817,000÷(1－0.032×73÷365)≒¥822,262

答　¥　822,300

第2問　次の空欄を求めなさい。（18点）　　●印@3点×6＝18点

(1)　（円，セント未満四捨五入）

No.	被換算高	換算率	換算高
1	€ 63,750.29	€1＝¥124.39	●¥ 7,929,899
2	¥ 8,147,000	$1＝¥92.76	●$ 87,828.81

(2)

No.	数量	単価	代価
1	gr. 769－2－4	1個につき　¥850	●¥ 94,149,400
2	● gr. 953－8－6	1ダースにつき $25.14	$ 287,714.73

(3)　（両端入れ，割引料の円未満切り捨て）

No.	手形金額	割引率	振出日又は引受日	満期日	割引日	割引料	手取金
1	¥ 8,573,000	年3.2%	9月20日	12月20日	9月30日	¥ 61,631	●¥ 8,511,369
2	¥ 1,450,000	年2.6%	1月31日	7月31日	3月8日	●¥ 15,080	¥ 1,434,920

主催　公益社団法人　全国経理教育協会　　後援　文部科学省

第14回計算実務能力検定模擬試験

試験場校
受験番号
採　点

【禁無断転載】
制限時間50分

2　級

帳　票　計　算

第1問　次の合計残高試算表を完成させなさい。(20点)　　●印@2点×10＝20点

合　計　残　高　試　算　表

借方 残高	借方 合計	元丁	勘　定　科　目	貸方 合計	貸方 残高
● 340,375,104	606,562,236	1	現　金　預　金	266,187,132	
240,539,848	● 365,592,382	2	受　取　手　形	125,052,534	
263,474,895	648,307,520	3	売　掛　金	● 384,832,625	
83,502,122	83,502,122	4	繰　越　商　品		
● 16,763,375	16,763,375	5	備　品		
	347,132,222	6	支　払　手　形	584,332,841	● 237,200,619
	494,259,138	7	買　掛　金	● 734,789,321	240,530,183
		8	資　本　金	327,600,000	327,600,000
		9	繰越利益剰余金	64,247,122	● 64,247,122
	● 24,741,283	10	売　上	882,605,838	857,864,555
● 751,408,449	801,933,807	11	仕　入	50,525,358	
31,378,686	31,378,686	12	営　業　費		
1,727,442,479	3,420,172,771			● 3,420,172,771	1,727,442,479

第2問　伝票を用いて次の計算をしなさい。(20点)　**【別冊伝票算 P.14～P.28】**　　@4点×5＝20点

(1) A商品の現金売上合計はいくらですか。　¥ 2,524,181
(2) B　〃　〃　¥ 6,042,864
(3) C　〃　〃　¥ 10,509,566
(4) 入金伝票の合計はいくらですか。　¥ 35,999,102
(5) 入金伝票合計と出金伝票合計の差額はいくらですか。　¥ 16,888,162

第3問　次の商品有高帳を完成させなさい。(10点)　　●印@1点×10＝10点

C　商　品　　商　品　有　高　帳　　(先入先出法)

令和×1年 月	日	摘　要	受入 数量	受入 単価	受入 金額	払出 数量	払出 単価	払出 金額	残高 数量	残高 単価	残高 金額
12	1	前月繰越	54,870	31,408	● 1,723,356,960				54,870	31,408	1,723,356,960
	3	仕　入	● 62,940	30,540	1,922,187,600				54,870	31,408	1,723,356,960
									62,940	30,540	1,922,187,600
	6	売　上				● 54,870	31,408	1,723,356,960			
						14,290	30,540	436,416,600	48,650	30,540	1,485,771,000
	11	売　上				29,730	30,540	907,954,200	18,920	30,540	577,816,800
	14	仕　入	86,590	33,378	2,890,201,020				● 18,920	30,540	577,816,800
									86,590	33,378	2,890,201,020
	19	売　上				● 18,920	30,540	577,816,800			
						34,850	33,378	1,163,223,300	51,740	33,378	1,726,977,720
	21	仕　入	73,180	34,076	2,493,681,680				● 51,740	33,378	1,726,977,720
									73,180	34,076	2,493,681,680
	27	売　上				● 51,740	33,378	1,726,977,720			
						47,810	34,076	1,629,173,560	● 25,370	34,076	864,508,120
	31	次月繰越				25,370	34,076	864,508,120			
			277,580		● 9,029,427,260	● 277,580		9,029,427,260			

商業計算は裏面に

商　業　計　算

第1問　次の計算をしなさい。(32点)　　@4点×8＝32点

(1) 総量3,570kg，風袋5％，減量は風袋を除いた量の3％の商品を，純量1kgにつき¥480で仕入れ，仕入原価の22％の利益を見込んで定価をつけた。定価はいくらですか。(円未満切り捨て)

3,570kg×(1－0.05)×(1－0.03)＝3,289.755kg (純量)
3,289.755kg×480×(1＋0.22)＝¥1,926,480

答　¥ 1,926,480

(2) 商品450kgの販売を委託され，1kgにつき¥5,800で販売し，販売諸掛¥38,400を立て替えた。販売手数料を売上高の8％とすると，委託主への送金額はいくらですか。

(450kg×¥5,800)×(1－0.08)－¥38,400＝¥2,362,800

答　¥ 2,362,800

(3) 9月28日満期，額面¥4,015,000の手形を，7月16日に割り引き，割引料¥21,450を支払った。割引率は年何％ですか。(両端入れ)

¥21,450÷(¥4,015,000×75÷365)＝0.026

答　2.6 ％

(4) ある商品に仕入原価の28％の利益を見込んで定価をつけ，定価から¥45,720値引きして販売したところ，仕入原価の16％の利益を得た。仕入原価はいくらでしたか。

0.28－0.16＝0.12　　¥45,720÷0.12＝¥381,000

答　¥ 381,000

(5) 仲立人が売り主から3.4％，買い主から3.9％の手数料を受け取る約束で，商品売買の仲介をした。仲立人の受け取った手数料合計が¥578,890とすると，売り主の手取金はいくらですか。

¥578,890÷(0.034＋0.039)＝¥7,930,000　　¥7,930,000×(1－0.034)＝¥7,660,380

答　¥ 7,660,380

(6) $3,864.95はユーロでいくらですか。ただし，$1＝¥96.09，€1＝¥113.57とする。(セント未満四捨五入)

$3,864.95×¥96.09÷¥113.57＝€3,270.08

答　€ 3,270.08

(7) 年利率2.3％で9か月間借り入れ，期日に元利合計¥3,926,585を支払った。元金はいくらですか。

¥3,926,585÷(1＋0.023×9÷12)＝¥3,860,000

答　¥ 3,860,000

(8) 1kgにつき¥8,750の商品を販売するとき，値段で8％引きするのと，数量で8％増量するのとでは，1kgあたりで比較すると，売り手にとって，どちらが，いくら有利ですか。(円未満切り捨て)

値引：¥8,750×(1－0.08)＝¥8,050　　増量：¥8,750÷(1＋0.08)＝¥8,101
¥8,101－¥8,050＝¥51

答　値引の方が ¥
　　増量の方が ¥ 51　有利

第2問　次の空欄を求めなさい。(18点)　　●印@3点×6＝18点

(1) (円，セント未満四捨五入)

No.	被換算高	換算率	換算高
1	€ 8,274.06	€1＝¥118.39	●¥ 979,566
2	¥ 6,283,000	$1＝¥87.34	●$ 71,937.26

(2)

No.	数量	単価	代価
1	gr. 891－7－6	1ダースにつき $45.32	●$ 484,901.34
2	● gr. 358－4－2	1個につき ¥790	¥ 40,765,580

(3) (両端入れ，割引料の円未満切り捨て)

No.	手形金額	割引率	振出日又は引受日	満期日	割引日	割引料	手取金
1	¥ 4,368,000	年 2.7％	11月5日	2月5日	11月16日	●¥ 26,495	¥ 4,341,505
2	●¥ 5,794,000	年 3.5％	6月20日	9月20日	7月10日	¥ 40,558	¥ 5,753,442

主催　公益社団法人　全国経理教育協会　　後援　文部科学省

第15回計算実務能力検定模擬試験

【禁無断転載】
制限時間50分

２　級

試験場校
受験番号
採　点

帳 票 計 算

第1問　次の合計残高試算表を完成させなさい。(20点)　　●印@2点×10＝20点

合 計 残 高 試 算 表

借方 残高	借方 合計	元丁	勘定科目	貸方 合計	貸方 残高
● 88,559,586	411,625,153	1	現金預金	323,065,567	
564,790,801	● 721,929,568	2	受取手形	157,138,767	
238,301,949	607,133,070	3	売掛金	● 368,831,121	
● 86,413,250	86,413,250	4	繰越商品		
44,852,413	44,852,413	5	備品		
	162,233,528	6	支払手形	650,834,068	● 488,600,540
	284,103,757	7	買掛金	● 492,110,210	208,006,453
		8	資本金	214,200,000	214,200,000
		9	繰越利益剰余金	56,677,122	● 56,677,122
	25,834,625	10	売上	● 733,892,651	708,058,026
604,539,754	● 685,771,428	11	仕入	81,231,674	
48,084,388	48,084,388	12	営業費		
● 1,675,542,141	3,077,981,180			3,077,981,180	1,675,542,141

第2問　伝票を用いて次の計算をしなさい。(20点)　**【別冊伝票算 P.15～P.29】**　　@4点×5＝20点

(1) A商品の現金売上合計はいくらですか。　¥ 2,524,181
(2) C　〃　〃　¥ 10,509,566
(3) D　〃　〃　¥ 16,922,491
(4) 入金伝票の合計はいくらですか。　¥ 35,999,102
(5) 入金伝票合計と出金伝票合計の差額はいくらですか。　¥ 7,150,205

第3問　次の商品有高帳を完成させなさい。(10点)　　●印@1点×10＝10点

B 商品　　商 品 有 高 帳　　(移動平均法)

令和×1年		摘要	受入 数量	受入 単価	受入 金額	払出 数量	払出 単価	払出 金額	残高 数量	残高 単価	残高 金額
8	1	前月繰越	16,800	5,300	89,040,000				16,800	5,300	89,040,000
	3	仕入	43,200	●5,800	250,560,000				60,000	●5,660	339,600,000
	9	売上				21,600	5,660	●122,256,000	38,400	5,660	217,344,000
	12	仕入	●33,600	5,600	188,160,000				72,000	●5,632	405,504,000
	18	売上				43,200	5,632	●243,302,400	28,800	5,632	162,201,600
	24	仕入	19,200	5,972	114,662,400				48,000	●5,768	276,864,000
	26	売上				32,400	5,768	●186,883,200	15,600	5,768	● 89,980,800
	31	**次月繰越**				**15,600**	**5,768**	**89,980,800**			
			112,800		● 642,422,400	112,800		642,422,400			

商 業 計 算 は 裏 面 に

商 業 計 算

第1問　次の計算をしなさい。(32点)　　@4点×8＝32点

(1) ¥465,000を年利率2.9%で1年7か月間貸し付けた。期日に受け取る元利合計はいくらですか。(円未満四捨五入)

¥465,000＋(¥465,000×0.029×19÷12)＝¥486,351

答 ¥ 486,351

(2) 仲立人が売り主から2.8%，買い主から3.1%の手数料を受け取る約束で，商品売買を仲介をした。買い主の支払額が¥2,639,360のとき，仲立人の受け取る手数料合計はいくらですか。

¥2,639,360÷(1＋0.031)＝¥2,560,000　　¥2,560,000×(0.028＋0.031)＝¥151,040

答 ¥ 151,040

(3) 原価に¥63,000の利益を見込んで定価をつけ，定価の1割8分引きで販売したところ，¥72,000の損失となった。この商品の原価はいくらですか。

(¥63,000＋¥72,000)÷0.18＝¥750,000　　¥750,000－¥63,000＝¥687,000

答 ¥ 687,000

(4) 額面¥4,380,000の手形を，割引率年4.4%で割り引き，手取金¥4,343,568を受け取った。割引日数は何日ですか。

(¥4,380,000－¥4,343,568)÷(¥4,380,000×0.044÷365)＝69

答 69 日

(5) 買い付けの委託を受けた商品を¥850,000で買い入れ，諸掛¥73,000を立て替えた。手数料を諸掛込原価の5%とすると，委託主への請求額はいくらですか。

(¥850,000＋¥73,000)×(1＋0.05)＝¥969,150

答 ¥ 969,150

(6) 額面¥5,170,000，満期日11月25日の手形を9月5日に割引率年4.2%で割り引いた。手取金はいくらですか。(両端入れ，割引料の円未満切り捨て)

¥5,170,000×0.042×82÷365＝¥48,782　　¥5,170,000－¥48,782＝¥5,121,218

答 ¥ 5,121,218

(7) 総量8,400kg，風袋6%，減量は風袋を除いた量の1.7%の商品を，純量10kgにつき¥5,900で仕入れ，仕入原価の25%の利益を見込んで定価をつけた。定価はいくらですか。(計算の最終で円未満四捨五入)

8,400kg×(1－0.06)×(1－0.017)＝7,761.768kg(純量)
7,761.768kg÷10×¥5,900×(1＋0.25)＝¥5,724,304

答 ¥ 5,724,304

(8) 元金¥540,000を9月12日から11月23日まで貸し付け，期日に元利合計¥542,808を受け取った。貸付利率は年何%ですか。(両端入れ)

(¥542,808－¥540,000)÷(¥540,000×73÷365)＝0.026

答 2.6 %

第2問　次の空欄を求めなさい。(18点)　　●印@3点×6＝18点

(1) (円，セント未満四捨五入)

No.	被換算高	換算率	換算高
1	¥ 8,954,000	$1＝¥92.73	●$ 96,559.91
2	€ 1,634.27	€1＝¥114.26	●¥ 186,732

(2)

No.	数量	単価	代価
1	gr. 958－2－3	1個につき $ 67.12	●$ 9,261,150.48
2	● gr. 475－11－6	1ダースにつき ¥ 980	¥ 5,597,270

(3) (両端入れ，割引料の円未満切り捨て)

No.	手形金額	割引率	振出日又は引受日	満期日	割引日	割引料	手取金
1	¥ 7,948,000	年 3.4%	9月15日	1月15日	10月19日	¥ 65,892	●¥ 7,882,108
2	●¥ 6,510,000	年 2.9%	4月30日	10月30日	6月7日	¥ 75,516	¥ 6,434,484

主催　公益社団法人　全国経理教育協会　　後援　文部科学省

第16回計算実務能力検定模擬試験

2　級

試験場校
受験番号
採　点

【禁無断転載】
制限時間50分

帳　票　計　算

第1問　次の合計残高試算表を完成させなさい。（20点）　●印@２点×10＝20点

合　計　残　高　試　算　表

借方 残高	借方 合計	元丁	勘定科目	貸方 合計	貸方 残高
360,353,980	479,664,648	1	現金預金	（● 119,310,668）	
（● 192,428,239）	635,071,401	2	受取手形	442,643,162	
306,295,732	（● 549,434,285）	3	売掛金	243,138,553	
48,435,483	48,435,483	4	繰越商品		
（● 87,483,222）	（87,483,222）	5	建物		
	289,780,614	6	支払手形	（● 651,884,306）	362,103,692
	255,776,105	7	買掛金	467,075,127	（● 211,299,022）
		8	資本金	320,400,000	320,400,000
		9	繰越利益剰余金	（75,284,295）	（● 75,284,295）
	14,723,137	10	売上	（● 816,733,486）	802,010,349
（● 732,430,932）	791,141,692	11	仕入	58,710,760	
43,669,770	（43,669,770）	12	営業費		
1,771,097,358	（● 3,195,180,357）			（3,195,180,357）	（1,771,097,358）

第2問　伝票を用いて次の計算をしなさい。（20点）　**【別冊伝票算 P.16 ～ P.30】**　@４点×５＝20点

(1) A商品の現金売上合計はいくらですか。　¥ 2,671,267
(2) B　〃　〃　¥ 6,049,269
(3) D　〃　〃　¥ 16,942,104
(4) 入金伝票の合計はいくらですか。　¥ 36,177,096
(5) 入金伝票合計と出金伝票合計の差額はいくらですか。　¥ 7,328,199

第3問　次の商品有高帳を完成させなさい。（10点）　●印@１点×10＝10点

商　品　有　高　帳

A　商　品　（先入先出法）

令和×1年 月	日	摘要	受入 数量	受入 単価	受入 金額	払出 数量	払出 単価	払出 金額	残高 数量	残高 単価	残高 金額
9	1	前月繰越	37,450	● 19,512	730,724,400				37,450	（19,512）	730,724,400
	2	仕入	61,720	17,491	（1,079,544,520）				● 37,450	（19,512）	730,724,400
									61,720	17,491	（1,079,544,520）
	6	売上				● 37,450	（19,512）	730,724,400			
						（26,550）	17,491	（464,386,050）	35,170	17,491	（615,158,470）
	9	仕入	● 59,648	21,339	1,272,828,672				● 35,170	17,491	（615,158,470）
									（59,648）	21,339	1,272,828,672
	13	売上				（35,170）	17,491	（615,158,470）			
						（49,630）	21,339	1,059,054,570	（10,018）	21,339	（213,774,102）
	18	仕入	85,369	18,786	● 1,603,742,034				（10,018）	21,339	（213,774,102）
									85,369	18,786	（1,603,742,034）
	25	売上				●（10,018）	21,339	213,774,102			
						（49,650）	18,786	932,724,900	（35,719）	18,786	671,017,134
	28	売上				16,395	18,786	307,996,470	● 19,324	18,786	363,020,664
	30	次月繰越				（19,324）	18,786	363,020,664			
			● 244,187		（4,686,839,626）	（244,187）		● 4,686,839,626			

商業計算は裏面に

商　業　計　算

@４点×８＝32点

第1問　次の計算をしなさい。（32点）

(1) ¥5,840,000 を年利率2.6％で８月14日から10月21日まで借り入れた。期日に支払う元利合計はいくらですか。（片落し，円未満四捨五入）

¥5,840,000＋（¥5,840,000×0.026×68÷365）＝¥5,868,288

答　¥　5,868,288

(2) １ダース€95.40 の商品を3,600個販売するため，21％の利益を見込んで定価をつけた。3,600個の定価は円貨でいくらですか。ただし，€1＝¥113.79 とする（計算の最終で円未満切り上げ）

€95.40÷12×3,600×（１＋0.21）×¥113.79＝¥3,940,571

答　¥　3,940,571

(3) ¥6,240,000 を年利率2.9％で貸し付け，期日に元利合計¥6,737,640 を受け取った。貸付期間は何年何か月ですか。

（¥6,737,640－¥6,240,000）÷（¥6,240,000×0.029÷12）＝33

答　2　年　9　か月

(4) 仲立人が売り主から4.2％，買い主から3.9％の手数料を受け取る約束で，商品売買の仲介をした。売り主の手取金¥8,248,380 のとき，仲立人の受け取る手数料合計はいくらですか。

¥8,248,380÷（１－0.042）＝¥8,610,000（売買価額）　¥8,610,000×（0.039＋0.042）＝¥697,410

答　¥　697,410

(5) 原価に２割５分の利益を見込んで定価をつけ，定価の６分引きで販売した商品の利益額が¥152,600 であった。この商品の原価はいくらですか。

（１＋0.25）×（１－0.06）－１＝0.175　¥152,600÷0.175＝¥872,000

答　¥　872,000

(6) €7,328.04 は米貨でいくらですか。ただし，€1＝¥113.79，$1＝¥83.61 とする。（セント未満四捨五入）

€7,328.04×¥113.79÷¥83.61＝$9,973.18

答　$　9,973.18

(7) 買付の委託を受けた商品を¥570,000 で買い入れ，諸掛¥45,600 を立替えた。手数料を諸掛込原価の４％とすると，委託主への請求額はいくらですか。

（¥570,000＋¥45,600）×（１＋0.04）＝¥640,224

答　¥　640,224

(8) 額面¥6,570,000 の手形を，割引率年4.2％で割り引いて，手取金¥6,514,812 を得た。満期日を10月31日とすると，割引日は何月何日ですか。（両端入れ）

（¥6,570,000－¥6,514,812）÷（¥6,570,000×0.042÷365）＝73

答　8　月　20　日

第2問　次の空欄を求めなさい。（18点）　●印@３点×６＝18点

(1) （円，セント未満四捨五入）

No.	被換算高	換算率	換算高
1	€ 7,942.85	€1＝¥120.73	●¥ 958,940
2	¥ 3,648,000	$1＝¥89.52	●$ 40,750.67

(2)

No.	数量	単価	代価
1	gr. 391－5－4	1個につき　¥238	●¥ 13,415,584
2	● gr. 683－2－9	1ダースにつき $ 75.24	$ 616,873.95

(3) （両端入れ，割引料の円未満切り捨て）

No.	手形金額	割引率	振出日又は引受日	満期日	割引日	割引料	手取金
1	¥ 4,726,000	年 2.8％	4月25日	7月25日	5月13日	¥ 26,828	●¥ 4,699,172
2	●¥ 2,190,000	年 3.6％	10月10日	1月10日	11月24日	¥ 10,368	¥ 2,179,632

［編者紹介］

経理教育研究会

商業科目専門の執筆・編集ユニット。
英光社発行のテキスト・問題集の多くを手がけている。
メンバーは固定ではなく、開発内容に応じて専門性の
高いメンバーが参加する。

計算実務2級直前模試

2023年2月1日　発行

編　者　経理教育研究会
発行所　株式会社 英光社
〒176-0012　東京都練馬区豊玉北1-9-1
TEL 050-3816-9443
振替口座 00180-6-149242
https://eikosha.net

ISBN 978-4-88327-767-4 C1034

本書の内容に誤りが見つかった場合は、
ホームページにて正誤表を公開いたします。
https://eikosha.net/seigo

本書の内容に不審な点がある場合は、下記よりお問合せください。
https://eikosha.net/contact
FAX 03-5946-6945
※お電話でのお問合せはご遠慮ください。

落丁・乱丁本はお取り替えいたします。
上記contactよりお問合せください。

9784883277674

1921034011000

ISBN978-4-88327-767-4
C1034 ¥1100E

EIKOSHA

定価　1,210円（税抜価格1,100円）